赢在表达

纪菲 著

AI时代职场沟通指南

人民邮电出版社

北京

图书在版编目（CIP）数据

赢在表达：AI 时代职场沟通指南 / 纪菲著.
北京：人民邮电出版社，2025. -- ISBN 978-7-115
-67109-7

Ⅰ．C912.11-62

中国国家版本馆 CIP 数据核字第 2025T9Q649 号

内 容 提 要

在以 DeepSeek 为代表的 AI 技术蓬勃发展的时代，职场表达已从"个人天赋"转向"技术赋能"。本书以"AI 工具+方法论"为核心，系统解析如何借助 AI 突破传统沟通瓶颈，实现高效、精准且富有感染力的职场表达。

本书围绕 AI 时代的职场表达展开，先强调了职场表达的重要性，指出表达能力是职场"硬通货"，而 AI 时代为普通人提供了提升表达的机会。接着从多个方面阐述如何借助 AI 提升职场表达能力，涵盖工作汇报、平级沟通、商务沟通、演讲、职场竞聘等场景，介绍了 AI 在各场景下助力职场表达的具体方式，如优化汇报框架、预测沟通挑战、提供双赢方案等，旨在帮助读者在 AI 时代更好地表达自己，保持核心竞争力，实现职场进阶。本书既是 AI 工具的实操手册，更是职场表达的思维升级指南，助力读者在技术浪潮中打造不可替代的"表达竞争力"。

本书适合在职场中存在表达困扰，希望借助 AI 工具提升表达能力、实现职场进阶的人士阅读。

◆ 著　　　纪　菲
　　责任编辑　陈灿然
　　责任印制　胡　南

◆ 人民邮电出版社出版发行　　北京市丰台区成寿寺路 11 号
　　邮编　100164　　电子邮件　315@ptpress.com.cn
　　网址　https://www.ptpress.com.cn
　　廊坊市印艺阁数字科技有限公司印刷

◆ 开本：880×1230　1/32
　　印张：8　　　　　　　　　　　2025 年 6 月第 1 版
　　字数：158 千字　　　　　　　2025 年 11 月河北第 3 次印刷

定价：49.80 元

读者服务热线：(010)81055410　印装质量热线：(010)81055316
反盗版热线：(010)81055315

前言 | Preface

你有没有过这样的经历？明明做了很多工作，汇报时却讲得干巴巴的，领导听完一脸茫然；明明有一个绝佳的想法，但说出来后同事却无动于衷；明明想争取一个机会，但话到嘴边却不知道怎么开口……如果你也有类似的困扰，那本书就是为你写的。

在职场中，表达能力就是你的第二张名片。它决定了别人如何看待你，也决定了你能走多远。表达能力强的人能用几句话吸引别人的注意力，能用清晰的逻辑说服别人，能用恰当的语言赢得信任。可以说，表达能力是职场中的"硬通货"。

但问题是，不是每个人天生就是"表达高手"。很多人觉得自己"文采不好""嘴笨"，甚至因此错过了不少机会。好在，AI 时代的到来给了我们普通人一个"逆袭"的机会。现在的 AI 工具就像一个 24 小时在线的超级助手，能帮我们整理思路、优化语言，甚至帮我们写出逻辑清晰、表达精准的文案。比如，你可以用它快速写好一封邮件、一份报告，甚至是一次演讲的提纲。这是一个普通人也能高效表达的时代，而我们要做的，就是抓住机会，用好 AI 工具，让自己在职场上走得更快、更远。

不过，AI 工具的发展速度实在太快了，快到让人有点眼花缭乱。还记得 ChatGPT 刚出现的时候，大家都觉得它简直是"神器"；没过多久，国产 AI 工具也开始崛起，功能越来越强大；等到本书快出版的时候，DeepSeek 又成了新宠，几乎人人都在讨论它。工具在变，但有一点是不变的：真正重要的，不是工具本身，而是你怎么用它。

你需要掌握与 AI 工具对话的技巧，找到适合自己的 AI 工具，然后深度使用。你用得越久，它就越懂你，你们之间的配合也会越来越默契。这就像培养自己的助理一样，时间越长，助理越理解你。

AI 工具确实很强大，但它本质上是一个工具，它的作用是辅助人类思考，而不是替代人类思考。AI 工具的能力边界在很大程度上取决于使用者的思维模式和能力水平。如果你的脑子里没有想法，或者没有明确的目标，AI 工具很难凭空帮你创造出一个完美的解决方案。举个例子，如果你让 AI 工具帮你写一篇文章，但你连主题、方向、核心观点都没想清楚，AI 工具生成的内容可能会很空洞，甚至偏离你的需求。

换句话说，你的知识储备量、思维深度与创造力决定了你能让 AI 工具发挥多大的价值。比如：

- 如果你对某个领域一无所知，AI 工具很难帮你生成专业的内容；
- 如果你没有清晰的逻辑框架，AI 工具生成的内容可能会杂乱无章；
- 如果你缺乏创意，AI 工具很难帮你提出具有突破性的想法。

因此，提升自己才是根本。只有不断学习、不断思考，才能让 AI 工具真正为你所用。AI 工具可以帮你优化表达、提高效率，但它不能代替你成长。你的思维越开阔，AI 工具的价值就越大；你的能力越强，AI 工具就越能帮助你提高。

本书的目的就是帮你在 AI 时代更好地表达自己。在本书中，我们会聊职场沟通的重要性，也会讲如何用 AI 工具提升表达能力。更重要的是，我们会一起探讨如何在技术的浪潮中保持自己的核心竞争力——因为无论工具怎么变，你才是最关键的。

希望本书能成为你实现职场进阶的助力，也希望你能在 AI 工具的帮助下，找到属于自己的表达方式，在职场上走得更远、更稳。

纪菲

2025 年 3 月

目录 | Contents

AI 赋能，让平级沟通更高效 **03**

AI 加持，让你"秒变"商务沟通高手 **04**

AI 神助攻，让演讲不再"压力山大"
05

AI 护航，职场晋升"一路绿灯"
06

01

AI 开启
职场表达新纪元

1.1 职场发展遇瓶颈？那是吃了不善表达的亏

　　职场上流传着一句话："做了不说，约等于没做。"在我的培训课上，我可真是见识到了不少"职场闷葫芦"。

　　这些人都是干活儿的好手，做事时拼命努力，但需要表达自己时，就瞬间变得"口拙舌笨"。他们有着一肚子的好点子、好故事，就是难以畅快地说出来，我看着都替他们着急。职场晋升的机会就像挂在树上的熟透的果子，明明就在眼前，他们却因为不擅长表达一次次与其擦肩而过。你说这冤不冤？以下是他们的故事，或许你会在其中看到自己的影子。

　　李四，一位市场部的"幕后英雄"，在每次营销活动中都能让销售额飙升。但一到汇报工作时，他就像是"茶壶里的饺子——有嘴倒不出"。他取得了100分的成绩，但听众只感受到了70分的效果。他的领导们常常摇头叹息，不解地说："都取得了这么好的成绩，怎么就不能说得更精彩一些呢？"

　　再来说说技术"大神"张磊吧。他写代码时行云流水，但在向非技术背景的同事解释技术原理时，却像是被施了"哑语咒"。他绞尽脑汁，试图找到最简单的词来解释，但往往越解释越混乱，让人听得一头雾水。他的同事们常常一脸迷茫地看着他，甚至有人怀疑他是否真的懂技术。

说出心里的话，才能打动别人。

还有李梅，这位产品经理界的"演讲小白"，每次演讲都像上战场，要提前数周开始"闭关修炼"。她常常对着空白的计算机屏幕发呆，心里默念："怎么写才能既吸引人又清晰易懂呢？"她的演讲稿往往要修改数十遍才能勉强通过审核，这让她倍感压力。

这样的情形在职场中屡见不鲜。很多时候，我们并不是没有取得成绩，而是没有将成绩很好地展示出来，从而错失了宝贵的机会。

谈及表达能力在职场中的价值，几乎每个人都略知一二。然而，当真正踏上提升表达能力的征途时，我们往往会发现，这条路并非一马平川。

李四下定决心要多读书，提升自己的表达能力。但不久后，他发现了问题：虽然词汇量增加了，但在与同事或客户交流时，他仍然难以自如地运用这些词汇。

张磊也买了很多关于表达的书，学了一堆高级的表达结构，可一到了实际工作中，根本不知道该怎么用，这让他有一种"理论很丰满，现实很骨感"的感觉。

再说说李梅，她其实是个演讲技巧"狂热爱好者"，关于语速控制、肢体语言运用，她都能给你讲得头头是道。可惜，她写出来的东西干巴巴的，没一点趣味。她常常抱怨："技巧都学了，怎么就写不出好稿子呢？"这种"技巧在手，内容难求"的困境，相信很多人都遇到过。

沟通的目标是理解对方，而不是在争论中获得胜利。

传统的提升表达能力的方法，比如多读几本书、多学几个结构、多练练演讲，听起来简单，但要真正坚持下来，得花不少时间和精力。更关键的是，每个人的天赋和所处环境都不一样，有的人可能费了半天劲，还是没什么长进。

不过，幸运的是，我们现在生活在 AI 时代。提升表达能力不再是一场漫长的马拉松，而是可以通过高科技工具加速的短跑。

首先说说工作汇报，以前得花很长时间整理数据、写报告，现在好了，有 AI 这个写作助手，你只需要输入关键点，它就能立刻生成一篇条理清晰、内容丰富的报告，真是省时又省力！

再来说说沟通协作，有时候和同事、上司沟通起来挺费劲的，不知道怎么说才能让大家听明白。这时候 AI 就能帮忙，它能预测沟通中可能出现的问题，并提前给出解决方案。它还能帮你更好地理解别人的想法和需求，让沟通变得更顺畅。

搞定客户就更不用说了，AI 在这方面简直是个小能手！它能快速分析客户的需求和喜好，然后给出合适的产品建议。它还能帮你快速进行产品介绍和竞品分析，让客户一听就明白你的产品优势是什么。客户提的问题让你犯难时，AI 还能帮你梳理回答思路，是你免费的智囊团。

赶快行动起来，利用 AI 工具提升表达能力。相信在不久的将来，你一定能够成为职场中的佼佼者！

职场
没有白走的路
但
敷衍的沟通
注定绕远路

你的
话语质量，
暴露了
你的
思维分辨率

赢在表达：AI 时代职场沟通指南

1.2 AI 时代来临，职场表达新机遇等你抓

你还在为写报告而加班吗？有人借助 AI 工具只用几分钟就轻松写完了报告，质量还更胜一筹！你还在为捉摸不透的客户需求而犯愁吗？有人借助 AI 工具洞悉了客户的核心需求，很容易就让客户满意！你还在为如何生动展示产品特点而苦恼吗？有人通过 AI 工具制作了令人眼前一亮的演示文稿，赢得了客户的赞赏！

想要抓住 AI 带来的表达新机遇，我们首先要了解目前市场上有哪些 AI 工具可以帮助我们快速提升表达能力。

类别	工具名称	类别	工具名称
AI 聊天机器人	DeepSeek	AI PPT 制作工具	Kimi PPT 助手
	腾讯元宝		讯飞智文
	Kimi		Gamma
	豆包		AiPPT
	文心一言		iSlide
AI 视频编辑工具	剪映	AI 绘画工具	即梦 AI
AI 搜索工具	秘塔 AI 搜索		可灵 AI
	纳米 AI 搜索	AI 会议纪要整理工具	通义听悟

走自己的路，让别人跟着你走。

每个 AI 工具都有它特别擅长的地方，可以针对工作中的不同情况为我们提供帮助，让我们做事更快更好，还能激发我们的创意。AI 很强大，但你得会用才行。就像给你一把好剑，你如果不懂剑法，可能只能拿它来砍柴。

许多初学者在接触 AI 时，往往将它当作一个高级搜索引擎，仅用于搜集信息。真正的高手会把 AI 当成超级助手，让它帮自己干活，以提升工作效率。

举个例子，需要写一份跑步机的介绍文案时，AI 小白可能会这样向 AI 提问："产品介绍怎么写？"

AI 可能会这样回答。

> 撰写产品介绍时，你可以根据以下方面来构建内容。
>
> 标题：创建一个吸引人的标题，能够快速抓住用户的眼球。
>
> 开头：以引人入胜的开头吸引用户，开头可以是一个问题、一个惊人的事实或一个强有力的声明。
>
> 产品特点：列出产品的关键特点，解释产品是如何工作的，以及产品对用户有什么好处。
>
> 用户受益：强调用户使用产品后能够得到的具体好处，如提高效率、节省成本等。
>
> 与众不同之处：阐述你的产品与市场上其他同类产品相比的独特卖点。
>
> 社会证明：如果可能，添加用户评价、产品获得的奖项等，以提高产品的可信度。
>
> 呼吁行动：在结尾明确呼吁，鼓励用户采取下一步行动，比如

购买、注册试用或了解更多信息。

视觉元素：使用高质量的图表或视频来辅助说明，以增强整体吸引力。

记住，一个好的产品介绍应该简洁明了，同时能够激发用户的兴趣和好奇心。

　　而 AI 高手会这样提问："帮我写一份关于跑步机的介绍文案，跑步机的卖点是搭载智能健身系统，多功能，高质量。"AI 用一分钟左右的时间就能写出一份完整的产品介绍。

人生没有如果，必须把握现在。

跑步机卖点介绍

欢迎来到健身的世界，这里有一款搭载智能健身系统，采用多功能设计和高质量材料的跑步机，它将为您带来全新的健身体验。

一、智能健身系统

这款跑步机最大的卖点之一就是其先进的智能健身系统。该系统通过集成最新的科技，将传统的跑步机与智能设备完美结合，让您在锻炼的同时享受科技带来的便利。

（1）个性化健身计划制订：通过智能健身系统，您可以轻松制订个性化的健身计划。系统会根据您的身体状况、运动目标和偏好，为您推荐最合适的锻炼方案。

（2）数据实时监测：系统能够实时监测并记录您的运动数据，如速度、距离、消耗的热量等。这些数据将通过智能界面实时显示，让您随时掌握自己的运动状态。

（3）智能语音指导：系统还具有智能语音指导功能，能够根据您的运动状态提供实时指导，确保您在锻炼过程中保持正确的姿势和节奏。

二、多功能设计

除了智能健身系统，这款跑步机还具备多种实用功能，能满足您不同的运动需求。

（1）多种运动模式：这款跑步机支持多种运动模式，如跑步、快走、爬坡等，能够让您在锻炼过程中体验到不同的运动乐趣。

（2）可调节坡度：这款跑步机具有坡度调节功能，您可以根据自己的需求调整坡度，改变锻炼的难度。

（3）娱乐功能：这款跑步机还配备了音箱，支持蓝牙连接，让您可以在锻炼的同时听音乐、看视频等，让运动变得更加有趣。

三、高质量材料

我们深知质量对于一款跑步机的重要性，因此这款跑步机在以下方面表现优异。

（1）框架：这款跑步机的框架采用高强度钢材制造，坚固稳定，能够承受高强度的运动冲击。

（2）减振系统：这款跑步机配备了先进的减振系统，能够有效减少运动对关节和骨骼的冲击，保护您的身体健康。

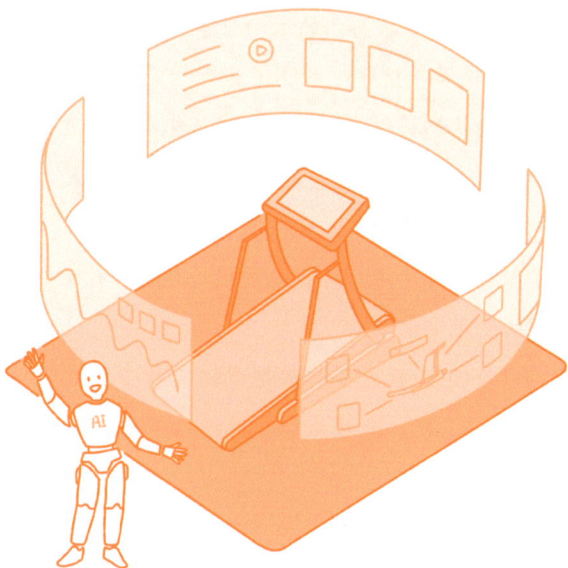

不是井里没有水，而是你挖得不够深。

（3）表面：这款跑步机的表面采用防滑、耐磨、易清洁的材料制造，确保您在运动过程中感到舒适、安全。

这款跑步机凭借其智能健身系统、多功能设计和高质量材料，能成为您健身旅程中的得力助手。无论您是健身新手还是资深运动爱好者，它都能满足您的需求，让您的运动更加高效、有趣和舒适。快来体验吧！

怎么样？采用不同的提问方式得到的答案的区别是不是特别大？在职场打拼，能把事说清楚、讲明白，特别重要。使用 AI 时，这点就更加重要了，AI 表现得好不好，全看你下的指令清不清晰。

假设你需要准备一份关于年度销售成果的演讲稿，与其问 AI：“怎么做好演讲？”不如直接告诉它：“请为我准备一份关于年度销售成果的演讲稿，重点包括市场增长、客户满意度和未来规划 3 个方面。”

有时 AI 给出的答案可能让你不太满意，但别担心，AI 可聪明了，就是得你多引导它。

通过这样一步步地对话，AI 能够逐渐理解你的需求，并提供越来越精准的帮助。这就像是和一位经验丰富的助手交流，你们之间的配合会随着交流的深入变得越来越默契。

> 初次对话。你问 AI：“如何让我的演讲更有说服力？”AI 可能会给你一些普遍适用的演讲技巧。

不怕万人阻挡，只怕自己投降。

连续对话。如果这些技巧不够具体，你可以继续问："针对销售数据的解读，你有什么建议？"AI可能会告诉你使用图表来直观地展示数据。

细化需求。如果你想获得更深入的帮助，可以进一步提问："在演讲中，如何讲述一个销售成功的案例，以增强说服力？"这时，AI可能会提供一个案例叙述框架，包括情境设置、挑战描述、解决方案和积极结果等方面。

反馈与优化。如果在AI提供的建议中，你发现有些部分特别有用，而有些部分需要调整，不妨告诉AI："我很喜欢你提供的案例叙述框架，但我需要更多关于如何互动和吸引听众的建议。"AI会根据你的反馈，进一步优化建议，比如提出设置提问环节来提高听众的参与度。

尊重所有声音，但只成为自己。

在接下来的内容中，我会带着你一起不断训练你的 AI，让它真正为你所用，快速提升你的表达能力。

当然，在使用 AI 的过程中，我们也要注意，AI 是一个强大的助手，但并非万能，它有时候也会有"幻觉"，对于它的回答，你要认真核实。另外，别一碰到问题就想着问 AI，自己的小脑袋瓜儿也得转一转。过度依赖 AI 可能会让你的大脑生锈，等真正遇到问题时你就傻眼了。

在未来的职场中，AI 无疑将扮演越来越重要的角色，我们要勇敢地迎接 AI 带来的变革，抓住职场表达的新机遇。

心有山海，静而无边。

02

...

AI 一出手，
工作汇报瞬间"上档次"

2.1 懂性格分析的 AI，帮你轻松应对"百变"上司

在职场上，我们会遇到各种各样的上司：有的喜欢直来直去，有的喜欢拐弯抹角；有的热情如火，有的冷静如水。要想和这些上司打好交道，首先得懂他们！

我有个朋友叫小张，他在一家公司做项目助理。他的上司王总是个典型的"工作狂"，对工作要求极高。小张刚入职那会儿，每次汇报工作都小心翼翼的，生怕出一点差错。但王总似乎总是不太满意，小张为此头疼不已。

有一天，小张在为一个重要的项目汇报做准备，他知道这将是一次大考。于是，他加班到深夜，把汇报材料做得尽善尽美。第二天，他信心满满地走进会议室，结果王总听了不到 5 分钟，就皱起眉头说："这些细节我都知道了，直接说重点！"小张当场就蒙了，他辛辛苦苦准备的内容就这么被一句话带过了。

你看，如果我们不能准确把握上司的性格和沟通风格，那么我们的努力很可能就会付之东流。

在探索和了解他人方面，人类的智慧是无穷的。学者们提出了多种性格分类方法，这些方法可以帮助我们更好地理解他人，更好地与他人沟通。而在职场沟通中，我想给大家介绍一

个非常实用的性格分析工具——DISC 性格分类模型。这个模型把人的性格分成 4 种类型：D 型（Dominance，支配型）、I 型（Influence，影响型）、S 型（Steadiness，稳健型）和 C 型（Compliance，服从型），如下图所示。

我们可以简单地这样记：D老大、I小太阳、S暖宝宝和C小侦探。

D老大：就是那种走路带风、说一不二的上司。他们目标明确，行动迅速，喜欢掌控全局、直截了当，不喜欢拖泥带水。

I小太阳：这种人热情开朗，总是笑容满面。他们喜欢和人打交道，善于调动团队氛围，鼓励发挥创意和自由表达。

S暖宝宝：这种人性格温和，耐心细致。他们总是默默付出，为团队提供温暖和支持，这类上司则更注重团队的和谐与稳定。

C小侦探：他们逻辑性强，注重细节，总是能发现别人忽略的问题，是团队中的"纠错专家"。他们追求完美，对工作质量有极高的要求。

说到这4种性格的人，我脑海里立马浮现出《西游记》。孙悟空就是D老大，战斗力"爆表"，喜欢独当一面；猪八戒就是I小太阳，总能逗大家开心；沙僧则是S暖宝宝，默默付出，不求回报；唐僧就像C小侦探，追求完美、讲究细节，如下页图所示。

那我们如何应对这几种性格的上司呢？

遇到D老大，你就得直接点，别绕弯子，有啥说啥，别磨磨唧唧的，他们喜欢有决断力的下属。

遇到I小太阳，你就得热情点，多夸夸他们。他们喜欢被人关注和认可，所以你的反馈要及时。

遇到S暖宝宝，你就得耐心点，多听听他们的想法。他们虽然话不多，但心里都有数。

遇到C小侦探，你就得严谨点，别出错。他们眼睛里容不得

做一个好听众，鼓励别人说说他们自己。

沙子，所以你的报告不但要详细，还需要有深度。

你可能会说："我知道不同的人有不同的性格，可我不擅长分析别人的性格啊，这可怎么办？"不用担心，有 AI 帮你，它就像一位高情商的人际管理专家。

支配型
· 雷厉风行
· 关注事物
· 目标明确
· 结果导向

影响型
· 喜爱社交
· 以人为主
· 追求互动
· 乐观且情绪化

稳健型
· 温和从容
· 简单安分
· 善于倾听
· 乐于助人

服从型
· 追求完美
· 擅长分析
· 重视思考
· 讲究细节

想被人喜欢，就多谈别人感兴趣的事。

比如小李，他以前总是搞不懂上司的心思。但自从他使用了 AI 性格分析工具后，一切都发生了翻天覆地的变化。

那小李具体是怎么做的呢？

步骤一：收集信息

小李开始收集上司在沟通方面的信息，包括：上司在团队邮件中的回复、上司在会议上的发言、上司写的报告或工作指导文件。

步骤二：利用 AI 进行分析与反馈

他将收集到的信息提供给 AI，让 AI 通过自然语言处理技术来分析上司的语言风格和行为模式。

比如，他可以这样问 AI：

> "我们现在面临的挑战非常严峻。项目进度已经比原计划落后了整整两周，这对我们整个季度的业绩都有影响。我需要大家立即行动起来，展现出我们团队的执行力和决心。
>
> 首先，我要求项目经理立即提供一个详细的追赶计划，包括每天的具体任务和预计完成时间。其次，我需要所有团队成员对自己的工作负责，确保每一步都精确无误。我们没有时间再犯错误。
>
> 我不希望再听到任何关于问题的讨论，我需要的是解决方案。如果你遇到障碍，给我一个明确的计划，告诉我你打算如何解决它。我们的目标是在下个月底前完成这个项目，不要有任何借口。
>
> 最后，我需要看到数据，看到进度。每个部门的负责人都要向我报告你们部门的进展情况，以及你们如何确保按时完成任务。

　　　　　对于越坏的消息，往往要用越多的气力去传达它。

我期待大家的表现，让我们行动起来！"

这是我的上司在会议上的发言，请基于这段发言帮我分析上司的 DISC 性格。

AI 回答：

基于您提供的上司在会议上的发言，我们可以尝试对他的 DISC 性格进行分析。DISC 性格分类模型是一个广泛使用的性格分析工具，它根据 4 个主要维度来评估一个人的性格倾向：D（支配型）、I（影响型）、S（稳健型）和 C（服从型）。

从发言中，我们可以观察到以下特点：

D（支配型）：

- 强调项目的紧迫性和重要性；
- 要求立即行动，展现出对结果和效率的重视；
- 不希望听到问题，而是直接见到解决方案；
- 设定明确的目标和期望，即在下个月底前完成项目。

I（影响型）：

- 在这段发言中，上司并没有特别展现出强烈的影响型特征，如热情或鼓励性的言辞。

S（稳健型）：

- 虽然上司强调了项目的紧迫性，但他并没有表现出典型的稳健型特征，如耐心、合作或考虑他人的情感。

C（服从型）：

- 要求项目经理提供详细的追赶计划，并需要每个部门报告进展情况；

- 强调工作开展精确无误，这反映他对细节和准确性的关注。

基于上述分析，我们可以推断这位上司的性格倾向于 D（支配型）和 C（服从型）。他展现出强烈的任务导向性，要求迅速行动、设定明确目标，并关注细节和准确性。他不太注重情感因素或团队合作等软性方面，而是更关注结果和效率。

需要注意的是，这种分析是基于一段特定的发言进行的，而人的性格是复杂的，可能在不同情境下展现出不同的特点。因此，这种分析应该被视为一种初步和大致的评估。

在反复提供不同信息和 AI 进行分析讨论后，小李判断上司大概率是 D 型。

步骤三：理解上司的性格

小李又问 AI：

针对 D 型上司，如何沟通更高效?

小李得到了如下回答：

针对 D 型上司，要实现高效沟通，可以考虑以下几点策略。

1. 直接和简洁。D 型上司通常喜欢直接、简洁的沟通方式。因此，在汇报工作、提出问题或寻求反馈时，你应尽量避免冗长和

推心置腹的谈话就是心灵的展示。

复杂的表述，直接陈述要点，用数据和事实支持你的观点。

2. 突出结果和解决方案。D型上司往往关注结果和行动。在与D型上司沟通时，应优先展示你已经取得的成果或计划达成的目标，并针对问题准备好相应的解决方案，不要只是抱怨或寻求同情。

3. 尊重上司的时间。D型上司通常时间观念很强，不喜欢浪费时间。因此，在与其沟通前要确保你的请求或问题是紧急且重要的。同时，在会议或讨论中，你应尽量保持高效和专注，避免进行无关紧要的闲聊。

4. 保持积极和自信。D型上司通常欣赏下属积极、自信的态度。在与其沟通时，要表现出你的专业性和自信，同时避免发表过于消极或自我否定的言论。即使你面临困难或挑战，也要展示出你正在积极寻找解决方案的态度。

5. 提供明确和具体的反馈。当D型上司向你提出要求或建议时，你要给予明确和具体的反馈。这有助于他们了解你的进展情况和需要的支持。同时，如果你对他们的要求有任何疑问，也要及时提出并寻求澄清。

6. 了解并适应上司的沟通风格。了解并适应上司的沟通风格可以帮助你更有效地与他们沟通。通过观察他们的行为、语言和沟通习惯，你可以逐渐理解他们的期望和需求，并据此调整自己的沟通方式。

7. 寻求共同点。在沟通中，尝试找到与D型上司的共同点。这有助于建立联系和信任，并使他们更愿意听取你的意见和建议。

综上，要记住，高效沟通是一个双向的过程。在努力适应D型上司的沟通风格的同时，也要保持自己的专业性和自信，勇于提出自己的观点和建议。

步骤四：调整汇报方式

根据 AI 的反馈，小李开始调整自己的汇报方式：

他学会了在汇报前总结关键点，确保每个要点都简洁有力；

他避免进行冗长的解释，而是直接提供结果和必要的数据支持；

在提出问题时，他会同时给出几个解决方案，并阐述每个方案的利弊。

步骤五：应用并观察

在下一次与上司的一对一会议中，小李采用了新的汇报方式。他直接汇报了项目的关键成果，并提出了几个明确的后续行动计划。小李注意到上司对他的汇报反应积极，没有像以前那样频繁打断他，而是认真听完了他的汇报，并给予了建设性的反馈。

步骤六：持续改进

小李意识到沟通是一个持续的过程，他决定继续使用 AI 来监测上司的反应，并根据需要调整自己的沟通策略。

时间一晃就过去了好几个月，小李在这段时间里真是大变样。他和上司的沟通越来越顺畅，这让自己在职场上的形象焕然一新。上司看他这么能干，不仅经常找他商量事，还把更多的重担子交给了他，对他既信任又看重。

那我们可以收集哪些信息提供给 AI，让 AI 帮助我们分析上司的性格呢？我帮你整理了一下，具体如下：

两喜必多溢美之言，两怒必多溢恶之言。

- 邮件：上司在邮件中呈现的语言风格、决策指令和沟通方式都是分析上司性格的关键线索。
- 会议发言：如果可能，收集上司在会议中的发言，包括开场白、提出的问题、做出的会议总结等。
- 工作文档：上司撰写的工作报告、项目计划书或业绩评估报告等文档，能够体现上司的专业风格和性格倾向。
- 决策案例：记录上司在特定情境下做的决策，包括决策的速度、风格和偏好等。
- 反馈和评价：上司在工作中给出的反馈和评价，尤其是上司提出的批评和建议。
- 日常交流内容：在日常工作中，上司与同事的非正式交流内容，如休息时的聊天内容。
- 演讲：上司公开演讲的视频也能为分析上司的性格提供线索。
- 任务分配方式：上司分配任务的方式也能反映其性格特征。

　　最后，温馨提示一下，人的性格复杂得很，不是一两个词就能概括的。比如，一个人平时看着挺果断，做事雷厉风行，但处理一些讲究细节的问题时，他又能慢得下来。所以，借助 AI 分析上司的性格时，别指望一次就能分析得彻底，可以多分析几次，尝试不同的 AI 工具。

　　跟上司打交道，别急着给他们贴标签，我们得多观察，多了解他们的性格，然后据此调整我们说话做事的方式。要是觉得与上司的沟通不太顺畅，就要及时改变沟通策略，在不断调整的过程中，我们和上司的沟通肯定能越来越顺畅。

交浅言深，君子所戒。

用数据
说话
但
用故事
打动人心

赢在表达：AI 时代职场沟通指南

汇报时
给选择题
别抛
问答题

2.2 工作繁杂难梳理？ AI 只用两分钟就能提炼核心内容

假设你刚刚完成了一个复杂的项目，现在得向领导展示你的劳动成果。你手里有一大堆资料，包括数据、图表和文档，是不是觉得汇报清楚、全面很困难。这时，你是不是特别想有个超级能干的助手，能在几分钟内帮你把这些复杂的资料整理成一份简洁明了的报告？

好消息是，这样的助手真的存在！那就是 AI。有了它，你就能轻松应对各种复杂的汇报任务，让工作成果一目了然。

当你决定灿烂，山无拦，海无遮。

　　小王作为一名销售经理，他的日常工作涉及收集、整理和分析销售数据及客户反馈。这些数据对于他来说至关重要，不仅反映了销售业绩的好坏，还包含了客户对于产品和服务的评价，直接影响到公司未来的战略调整和产品优化。

　　过去，小王需要从各个销售平台、CRM（Customer Relation-ship Management, 客户关系管理）系统和邮件中收集数据，然后将这些数据整理到表格或文档中。接着，他会分析这些数据的趋势和规律，找出其中的问题和亮点。最后，他会根据分析结果编写一份详细的销售报告，报告内容包括销售数据、客户反馈、重点任务及措施建议等。这个过程不仅耗时耗力，而且容易出错。

　　应用 AI 后，小王的工作发生了翻天覆地的变化。

　　这天他在整理某电子产品的一周销售情况。

　　小王这次打算让 AI 来帮他提取资料的核心内容，快速做出报告。小王向 AI 提问：

> 请基于上述销售报表，快速提炼出关键信息，包括销售趋势、主要销售渠道、客户群体特征、退货情况和客户反馈的主要问题。

　　AI 回答：

> 销售趋势：本周销售额同比增长 12%，环比增长 6%，整体呈现上升态势。线上销售渠道表现突出，特别是电商平台 A 和 B。

> 主要销售渠道：线上销售渠道占比达 75%，其中电商平台 A 和 B 为主要贡献者。线下销售渠道占比 25%，专卖店和大型超市为主要线下销售渠道。
>
> 客户群体特征：主要客户群体为 26~35 岁的年轻人，占比达 45%，对应的销售额占比高达 50%。
>
> 退货情况：本周退货率为 1.2%，主要退货原因为产品外观有瑕疵和产品不符合期望。
>
> 客户反馈的主要问题：主要集中在产品外观、包装和物流速度等方面。客户建议加强产品质量检查、优化包装设计和提高物流效率。

　　AI 能够快速处理和分析复杂的销售报表，提炼出关键信息，帮助小王快速了解销售情况、客户反馈和潜在问题，从而制定更有效的销售策略和解决方案。这大大提高了小王的工作效率，使他能够更专注于销售和客户服务工作。

　　当希望借助 AI 提炼复杂信息的核心内容时，掌握提问的技巧至关重要。以下是几个关键的提问技巧，可以帮助你引导 AI 提炼复杂信息的核心内容。

1. 给 AI 的指令要明确

　　在请求 AI 提炼复杂信息的核心内容时，你的指令应明确。例如："请提取关于产品功能、开发计划和预算的关键信息。"

2. 指定具体段落或信息点

　　如果你提供的文档很长，你可以指定 AI 提炼某个特定段落

　　　　我将伸手摘月，若是失败，仍与星辰同在。

或信息点的核心内容。例如："请提炼文档第三部分中关于市场风险的描述。"

3. 提供上下文或背景信息

可能的话，为 AI 提供一些上下文或背景信息，以帮助它更好地理解文档内容。例如："在阅读了关于智能家居市场的背景资料后，请提炼这份新产品研发项目文件的核心内容。"

4. 检查并调整提问

如果 AI 的回答不符合你的期望，检查你的提问方式，并尝试调整它，以获得更准确的回答。

了解得再多都不如亲自试一试，赶快让 AI 帮你提炼核心内容，让自己从繁杂的文字处理工作中解脱出来吧。

2.3 利用 AI 一键优化汇报框架，确保逻辑清晰

做好汇报工作对于个人职业发展至关重要。想象一下，当你站在众人面前，手握众多资料，内心却忐忑不安，担心自己表达的意思无法让领导领会，同事的提问让自己措手不及。

这种感觉，就如同在没有地图的情况下探索未知之地，只能盲目前行，内心祈祷不要走错路。此时，若手握一张精确的地

图，你就能迅速抵达目的地。

因此，准备汇报时，制定一个清晰的框架是至关重要的。这个框架就像是地图，能指引你清晰地表达，确保听众能够跟随你的思路，理解你的意思。

在制定汇报框架之前，我们可以使用 5W1H（Why、Who、What、When、Where 和 How）分析法来分析汇报内容。5W1H 分析法就像是从空中俯瞰整个城市，能让我们先了解城市全貌，有利于我们后续更精准地绘制地图。

例如，我们在做年终汇报之前，就可以先用 5W1H 分析法来分析一下。

- Why（为什么要做年终汇报？）

年终汇报是你展示自己实力的绝佳时机。通过年终汇报，你可以向领导展示你一年来的工作成果、你的思考方式，以及你的职业规划。这不仅是一个展示你成就的舞台，更是你与领导深入交流、建立信任的机会。明白了这一点，你就能抓住年终汇报这个职场晋升的重要契机。

- Who（给谁汇报？）

了解你的听众至关重要。不同的领导的兴趣点不一样：有的领导喜欢看数据，有的领导喜欢听故事；有的领导喜欢抓大放小，有的领导关注细节。摸清楚听众的喜好，你才能汇报到他们的心坎里。

- What（汇报什么？）

在准备汇报时，要明确你想要传达的核心内容。这可能包括你参与的关键项目、个人的成长轨迹，以及你在团队协作中的表现。思考如何将这些要素有逻辑地串联起来，形成一个连贯、有说服力的汇报框架。

每一个不曾起舞的日子，都是对生命的辜负。

- When（什么时候汇报？汇报多长时间？）

汇报的时间很关键，并不是越久越好。要合理安排汇报时长，比如准备一个 15 分钟的汇报，PPT 内容应控制在 10 页左右。简洁明了的汇报更能吸引听众的注意力。记住，领导的时间很宝贵，所以汇报时要直击要点，确保每一分钟都得到有效利用。

- Where（在哪里汇报？）

汇报地点很重要。提前熟悉环境和设备，以免汇报时手忙脚乱。

- How（怎么汇报？）

PPT 是常用的汇报工具，但你也可以用视频、图表、故事等来让汇报更生动。关键是要让听众听懂并记住你的汇报内容。

通过分析，我们对年终总结有了更全面的认识，现在，让我们根据分析结果总结年终汇报的典型结构。典型的年终汇报由 4 个部分组成：业绩回顾、亮点、问题、未来规划。

1. 业绩回顾

这是汇报的起点，它总结了过去一年中你的工作成果和贡献。通过回顾业绩，你可以向领导和同事展示你的努力和成就，为整个汇报奠定一个积极的基调。但要记住，不是所有你花时间的工作都是领导关心的，领导最关心的是他们的业绩指标。所以，汇报时要聚焦于那些与领导的业绩指标紧密相关的工作。

2. 亮点

在展示了你的业绩之后，接下来要突出你的亮点。这些亮点就像简历上吸引人的关键词，能够让你从同事中脱颖而出。亮点可以是你参与的重要项目、接触过的重要客户、对工作流程的优化、在数据分析方面的贡献，或是获得的行业奖项。这部分不仅展示了你的专业能力和价值，还体现了你对工作的热情和创新，能够加深听众对你的工作成果的印象，并展示你的潜力。

3. 问题

没有完美的工作，所以接下来要坦诚地讨论在你工作中的问题。这能反映你的自我反思能力和实现进步的愿望。同时，这也是展示你解决问题的能力的机会，因为你可以在提出问题的同时给出解决方案。过度强调问题可能会给领导留下负面印象，所以要确保对问题的阐述在整个汇报中的占比不过高。

4. 未来规划

最后，基于前面展示的业绩和亮点，以及对问题的分析，你应提出对未来的规划。这显示了你在工作中的前瞻性和计划性，同时也表明你已经准备好迎接新的挑战，并会为公司的发展作出更大的贡献。制定未来规划时，关键是要务实和具体，不要做出一些不切实际的承诺。领导更希望看到的是你有解决实际问题的具体计划，这些计划应该能够解决当前工作中的痛点和难点。

整体来看，这 4 个部分构成了一条完整的故事线：从展示过去的成绩开始，通过亮点来增强个人形象，然后诚实面对并解决问题，最后以一个积极向上的未来规划作为结尾。这样的结构不仅逻辑清晰，而且能够全面展示你的工作表现和职业素养。通过年终汇报的例子，我想你已经明白了如何使用 5W1H 分析法，并用一个有效的结构来展开汇报。职场上的汇报不止年终汇报，我整理了一些汇报的结构，如下表所示。

勇敢地做自己，不为任何人改变。

工作总结	完成情况	亮点	问题	工作计划
岗位竞聘	个人经历	岗位认识	竞聘优势	工作计划
项目汇报	项目概述	项目进展	问题与方案	未来计划
培训总结	培训概述	精华分享	个人心得	实践计划
公司介绍	公司概况	发展历程	核心优势	未来展望
同行对比	分析背景	对比指标体系	差距分析	改进措施

你可能会说："表中没有我要做的汇报类型。"没关系，我们可以借助 AI 来梳理汇报框架。以下是两种应用场景。

场景一：先让 AI 分析汇报类型，再整理内容

假设我们需要为一场销售部门的项目汇报准备一个框架，则可以先与 AI 进行如下对话：

提问：

> 我要进行销售部门的项目汇报，请帮我整理一个汇报框架。

AI 回答：

> 当然可以。销售部门的项目汇报通常包括项目背景、项目目标、执行过程、成果展示等部分。针对你的需求，我建议采用以下框架。
> 项目背景：介绍项目的起源、目的和重要性。

> 项目目标：明确项目的具体目标。
>
> 执行过程：详细描述项目的实施步骤、关键节点和遇到的问题。
>
> 成果展示：用数据和图表展示项目成果。
>
> 经验教训：总结项目中的成功经验和不足之处。

当 AI 整理出框架后，我们可以根据实际情况进行微调，也可以让 AI 进一步优化。

场景二：已有内容，让 AI 优化框架

假设我们已经准备好了项目汇报的内容，但觉得框架的逻辑不够清晰。这时，我们可以让 AI 帮助我们优化框架。

案例

财务总监述职汇报大纲优化

背景：财务总监在年终述职时，将她的工作汇报整理成了 10 个板块。然而，由于这些板块之间缺乏明确的逻辑联系，导致整个汇报显得较为混乱，难以让听众快速把握重点。为了提升汇报效果，财务总监决定让 AI 对汇报大纲进行优化。

原始汇报大纲（10 个板块）：财务状况概览、营收与成本分析、预算管理执行情况、税务筹划与合规、内部控制与风险管理、团队建设与人才培养、跨部门协作与沟通、重大投资决策回顾、财务报表审计与公示、未来工作计划与展望。

跌倒了，爬起来，继续前行。

财务总监将以上大纲发送给了 AI 并附上了以下内容："我已经整理了我的述职汇报大纲，但感觉逻辑有些混乱。请帮我将其优化为 4 个板块，让汇报更加清晰、有条理。"

AI 优化后的汇报大纲（4 个板块）如下。

一、财务业绩与成果

财务状况概览：简要介绍公司整体的财务状况和关键指标。

营收与成本分析：详细分析公司的营收来源、成本结构以及利润情况。

预算管理执行情况：回顾预算制订的过程，展示预算的实际执行情况和差异分析结果。

二、税务与风险管理

税务筹划与合规：介绍公司在税务方面的筹划和合规工作，确保税务处理的合法性和合理性。

内部控制与风险管理：阐述公司内部控制体系的建立和运行情况，以及针对各类风险的应对措施。

三、团队建设与合作

团队建设与人才培养：介绍财务部门的团队建设情况，包括人员配置、培训计划和人才梯队建设等。

跨部门协作与沟通：强调财务部门与其他部门之间的协作和沟通，以及财务部门是如何确保财务信息传达的准确性及时性的。

四、未来规划与展望

重大投资决策回顾：回顾过去一年中的重大投资决策，分析投资效果和这些决策对公司的影响。

财务报表审计与公示：介绍财务报表的审计流程和公示要求，确保财务信息的透明度和公信力。

未来工作计划与展望：明确未来一年的工作计划和目标，展望公司在财务领域的发展方向和重点。

AI可以帮我们快速优化汇报框架，确保其逻辑清晰。但需注意，一个汇报中的要点不宜过多，因为一旦超过5个要点，听众可能难以记住。因此，建议在设计汇报框架时，尽量将要点控制在3~4个，以便听众理解和记忆。所以，如果AI整理出来的框架中的要点过多，应在进一步提问时要求它控制要点数量。

2.4 "先声夺人"亮结论，AI让你讲话有重点

小张最近接手了一个紧急项目。一天，他拿着一堆资料，急匆匆地找到领导，想要汇报项目的进展情况。小张一上来就讲起了项目的细节，从市场调研到客户反馈，再到竞争对手分析，他讲得兴高采烈，却没注意到领导的眉头越皱越紧。

终于，领导忍不住打断了他："小张，你讲了这么多，我听得有点晕，你到底想告诉我什么？"小张这才意识到，自己光顾

着展示工作量，却忘了最重要的事情——直接给出结论。领导的时间宝贵，他需要的不是长篇大论，而是简单明了的结论和建议。

结论先行是一种沟通策略，要求我们在表达时，首先直接明确地提出结论，然后再提供支持这个结论的细节。

在 3 种情况下尤其需要做到结论先行，这 3 种情况分别是：时间紧、信息复杂、受众需要。

先来说时间紧这种情况。

想象一下这个场景：小李在公司大堂偶遇王总，两人一同步入电梯。王总随意问道："最近 A 项目怎么样？"这时，如果小李紧张地回答："嗯，我们做了很多工作，市场调研显示……"他很可能会被打断，因为他还没来得及说出重点，王总可能就会在电梯门开时离开，留下小李和他的半截话。在这种情况下，小李的汇报没有结论，没有亮点，更没有给王总留下任何好印象。

　　在与领导共乘电梯时，在短时间内，结论先行就显得尤为重要。当王总问及 A 项目的情况时，小李可以先给出结论："王总，A 项目进展顺利，我们已经提前完成了关键任务，预计能为公司节省 10% 的成本。"这样的汇报直接、明确，突出了最重要的成果。王总大概率会对此感到满意，并追问："很好，提前完成还能节省成本，这是怎么做到的？"这时，小李可以抓住机会，简洁地介绍了团队的努力和采取的策略。这样，在王总下电梯之前，小李就能给王总留下良好的印象。

　　这个例子生动地展示了结论先行不仅能够帮助你在有限的时间内完成高效的沟通，还能确保你的工作成果和价值得到领导的认可和重视。

　　　　　　人生没有白走的路，每一步都算数。

再来看看信息复杂的情况。

假设你是一名销售经理，负责一个关键的销售项目，但近期遇到了一些挑战，需要向领导申请额外的销售资源，你可能会向领导阐述下面这些信息。

> 最近的行业报告显示，竞争对手正在加大市场推广力度，我们的一些潜在客户开始对我们的产品表现出犹豫和观望的态度。

> 我们的销售团队目前正忙于处理多个重要项目，特别是在售后服务方面，投入了大量的人力资源。

> 我们的资深销售专家最近因为家庭原因需要请一段时间的假，这无疑给整个销售团队带来了额外的压力。

> 尽管我们已经启动了招聘流程，但新招聘的销售人员需要时间来熟悉产品和市场，短期内无法填补当前的空缺。

> 此次销售项目对维护我们公司的市场地位和客户满意度至关重要，任何延误都可能对公司产生负面影响。

这个时候如果把上述的 5 点信息都给领导说一遍，领导很有可能会打断你："你到底想说什么？"所以要先给领导说结论：

"领导，我急需您的支持和帮助。为了确保我们即将开展的关键销售项目能够取得成功，并维护我们公司的市场地位和客户满意度，我希望能得到额外的销售资源。" 然后再向领导说明原因，这样效果会更好。

最后是受众需要的情况。

比如，在职场中，我们经常要跟一些非专业人士讲自己专业领域的知识。这时候，怎么让他们快速明白我们说的内容就很关键。一个很好的方法就是先说结论。

想象一下，如果你跟不熟悉计算机领域的老板讲一个技术项目，你一上来就讲一堆与代码、服务器相关的内容，他可能会一头雾水。但如果你先说："这个技术能让我们更快地处理数据，还能省钱。"他一下子就明白了。之后，你可以再慢慢解释原因，甚至某段具体的代码是怎么起作用的。在整个过程中，你都要让老板明白"这个技术对我们有好处"。结论先行不仅能让受众更容易听懂我们要讲的内容，还能让他们更有兴趣持续听下去。而且，这也体现了我们尊重对方的时间和精力，不让他们听"废话"。

你可能会说："明白了，结论先行很重要，但有时我的思路也很混乱，我不知道如何实现结论先行。"别着急，有 AI 的协助，我们可以快速实现结论先行，成为一个讲话有重点的人。

举个例子，小张是某团队的成员，需要向团队负责人提出一个关于改进工作流程的建议，但他觉得自己的想法很乱。

不怕万人阻挡，只怕自己投降。

他的想法如下。

- 我觉得我们的工作流程有些烦琐，导致工作效率不高。
- 我注意到有一些重复的工作可以合并或简化。
- 我觉得我们可以引入一些新的工具来提高工作效率。

这时，他决定寻求 AI 的帮助。

提问：

> 我需要向团队负责人提出一个关于改进工作流程的建议，但我觉得自己的想法很乱。
> 我觉得我们的工作流程有些烦琐，导致工作效率不高。
> 我注意到有一些重复的工作可以合并或简化。
> 我觉得我们可以引入一些新的工具来提高工作效率。
> 请你用结论先行的方法帮我整理以上内容。

AI 回答：

> 结论先行的工作流程改进建议
> 团队负责人，我经过观察和分析，发现我们的工作流程存在烦琐且效率不高的问题。为了提升团队的整体效率，我建议对工作流程进行优化，包括合并或简化重复工作，引入新的工具。
> 一、详细建议
> （1）工作流程的简化：我注意到在我们的日常工作中，存在许多重复且烦琐的工作。这些工作不仅浪费了我们的时间和精力，

还可能导致错误率上升。因此，我建议对这些流程进行重新审视，合并或简化不必要的工作，以减少工作负担，提高效率。

（2）引入新的工具：随着科技的不断发展，有许多新的工具可以帮助我们提高工作效率。例如，我们可以引入项目管理软件来跟踪任务进度和团队成员的工作情况，使用自动化工具来处理一些简单且重复的任务，以及利用数据分析工具来优化工作流程。

二、预期效果

通过实施这些建议，我相信我们的工作流程将得到显著改善，团队的效率将得到大幅提升。我们将能够更快地完成任务，降低错误率，并为公司的发展作出更大的贡献。

三、请求支持

我诚挚地请求您能够考虑并采纳我的建议。如果您需要更多的信息或讨论细节，请随时与我联系。我将非常愿意与您一起探讨并推动这些改进的实施。

看，AI 不光帮我们快速找到了结论，还帮我们完善了汇报内容。有了 AI 的帮助，我们的汇报不光结论先行，重点突出，还更有说服力了。在获得 AI 提供的建议后，我们根据实际情况修改一下就可以使用了，赶快去试试吧。

2.5 用 STAR 法则讲故事，AI 只用一分钟就能让汇报"活"起来

你有没有遇到过下面这样的情况？在公司会议上，你激动地想要展示自己的"丰功伟绩"，可最后你只是平铺直叙地说了些数据、进度，像是在念流水账，听得大家眼皮子都快"耷拉到地上"了。

又或者，你为了完成一个工作项目，熬夜熬得眼睛都快成熊猫眼了。然而，你向上级汇报时，却只会简单地呈现一个结果，不知道如何生动地阐述自己的付出和遇到的困难。上级听后，只是淡淡地点点头，甚至可能误以为你在完成这个工作项目时很轻松。你的辛勤付出和无数次突破，就被轻易地忽视了。

而这一切，都是因为你不会讲故事！

在职场上，学会用故事来包装你的工作和成果，不仅能让你的汇报更加生动有趣，还能让你的努力得到应有的认可。

想要成为一个会讲故事的人，你首先要掌握 STAR 法则，如下页图所示。

用 STAR 法则来讲故事，就像是给你的故事搭了一个小舞台。情境部分用于展示故事背景，任务部分则展示主角面临的挑战，行动部分则展示主角应对挑战的过程，结果部分则展示主角最终取得的结果。

STAR 法则

Situation 情境

1. 描述你处于一个什么情境

什么时间

什么地点

什么背景

Task 任务

2. 描述你需要完成的任务

什么任务

要达到的目标是什么

完成任务的其他要求

Action 行动

3. 完成任务的路径是什么

具体做了什么

使用了什么工具

克服了什么困难

Result 结果

4. 最终获得了什么结果

获得了什么成就

有什么认知

最好把结果量化

成功的秘诀在于坚持自己的目标和信念。

这样一来，你的故事不仅有起有伏，还有头有尾，听众也容易跟着节奏走，不容易忘记你的故事。而且，关键的信息也能被凸显出来，让人一听就明白。所以，在需要讲故事时，STAR 法则是一个简单有效的工具。

下面我用稻盛和夫拯救日本航空公司（以下简称"日航"）的故事帮助你理解 STAR 法则。

情境（Situation）

在金融危机的影响下，日航陷入了前所未有的困境，巨额的债务、低迷的业绩、混乱的管理，使得这家曾经辉煌一时的航空公司濒临破产。日本政府三顾茅庐，请求稻盛和夫再度出山，拯救日航。

任务（Task）

当时的稻盛和夫已经 78 岁了，不管是体力还是精力，都大不如从前。很多人劝他不要再劳心费神了，这样的烂摊子不管也罢。

但是出于一个企业家与生俱来的责任感，稻盛和夫还是选择接下了拯救日航的重担。这包括稳定日航的财务状况，解决内部管理混乱的问题，提振员工士气，并重塑日航的形象。他不仅要面对外部的激烈竞争和市场的严峻挑战，还要解决日航内部复杂的利益关系和管理难题。

行动（Action）

在拯救日航的过程中，稻盛和夫采取了几个关键行动，使日航迎来了新生。

首先，他以日航哲学作为日航的指导思想，明确了日航的经营理念和价值观，同时强调了员工的行为规范和职业道德。这为日航塑造了新的文化灵魂。

其次，稻盛和夫优化了日航的管理结构，通过调整管理层人员，提高了管理效率。他还推行了严格的成本控制制度，通过精细化管理降低运营成本。

最后，他以身作则，践行"作为人，何谓正确"的价值观，强调团结协作和创新进取。他通过自己的行动成了员工的楷模和榜样，激发了员工的工作热情。

结果（Result）

在稻盛和夫的带领下，日航发生了翻天覆地的变化。不到 1 年的时间，日航就扭亏为盈。

日航从破产重组到再次上市，重新回到世界 500 强的行列，仅仅用了 3 年。稻盛和夫通过他的努力，让日航从破产的边缘重新崛起，成了一家盈利稳定、竞争力强的航空公司。他的领导力和智慧再次得到了广泛的赞誉和认可。

故事讲完了，怎么样？现在你理解什么是 STAR 法则了吧？STAR 法则是一种叙事技巧，用于清晰地表达你在特定情境下如何应对挑战、采取行动并取得成果。简单来说，你首先要描述你面临的具体情境，然后明确你需要完成的任务，接着详细讲述你为了完成这一任务所采取的行动，最后展示这些行动带来的具体结果。

你可能会说："看上去确实不错，但太难了，我没有讲故事的天赋，我还是不会讲故事。"

没关系，你可以让 AI 帮你，AI 只需一分钟就能把简单的工

相信自己，你比想象中更强大。

作素材变成精彩的故事。

现在我们来看一个案例。

小王是一位市场营销专员，在"双十一"期间策划并执行了一场线上促销活动，成功吸引了 3.5 万名用户参与活动，使公司销售额增长了 12%。

怎样让 AI 帮你把这个简单的工作素材变成一个故事呢？

我们需要给 AI 一个明确的指令，要求它用 STAR 法则来输出故事。

提问：

> 我是一位市场营销专员，在"双十一"期间策划并执行了一场线上促销活动，成功吸引了 3.5 万名用户参与活动，使公司销售额增长了 12%。请帮我用 STAR 法则（情境、任务、行动、结果）整理上述内容，方便我向领导汇报。

AI 回答：

> 情境（Situation）：
> 为了抓住"双十一"的购物热潮，公司决定举办一场大型线上促销活动。作为市场营销专员，我负责策划和执行这次活动。
> 任务（Task）：
> 我的目标是吸引至少 3 万名用户参与活动，并带来至少 10%

的销售额增长。

行动（Action）：

我制订了详细的营销计划，包括提供折扣、满减优惠和赠品等。通过社交媒体、邮件营销和合作伙伴的推广，我成功吸引了大量用户关注。活动期间，我密切监控销售数据，并根据数据反馈调整营销策略。

结果（Result）：

"双十一"当天，我们成功吸引了 3.5 万名用户参与活动，使公司销售额增长了 12%。社交媒体上的互动量也大幅增加，有效提高了品牌知名度。这次活动为公司带来了可观的利润。

我们刚拿到 AI 生成的故事时，可以首先快速浏览整个故事，确保情境、任务、行动和结果 4 个部分都已经被涵盖。然后，我们可以根据自己的实际经验和项目中的具体情况，对"行动"部分进行深入的优化。

在优化"行动"部分时，我们可以说说自己是怎样运用专业技能来解决问题的，比如用了什么特别的方法或者工具。还要讲讲自己是怎么想出新点子的，有没有跟别人合作。别忘了提提自己在团队里是怎么跟大家沟通的，有没有帮助团队更好地完成任务。最后，添加具体的细节和数据，这样别人就能更清楚地知道你是怎么做的，你的故事也会更吸引人。

例如，我们可以这样优化上面的"行动"部分：

在制订营销计划时，我回顾了近半年的销售数据，注意到用户对折扣和满减优惠特别感兴趣。基于这一点，我策划了以这两种优惠方式为核心的营销活动。同时，为了激发用户对新产品的兴趣，我特别设置了赠品活动，鼓励用户尝试我们的新产品。

活动开始后，我密切关注销售数据的变化。在活动进行了 3 小时后，我发现满减优惠活动的参与度不如预期，于是我迅速做出反应，将满减门槛降低了 10%。这一调整立即带来了积极的效果，在接下来的几小时内，满减优惠活动带来的销售额显著增长。

在整个活动过程中，我与团队成员保持紧密沟通，确保活动的顺利进行。我们共同协作，解决了活动中的各种问题，并在需要时互相帮助。这种高效的团队协作确保了活动的成功。

通过这样的优化，我们可以更加清晰地展示自己的贡献，让上级更明白我们在项目中做了什么，有多重要。这样不仅能凸显我们的专业能力，还能让上级更加信任和认可我们。

最后，给你布置 3 个作业。

（1）回想你最近完成的一项工作，尝试用 STAR 法则编写一个故事，用于汇报。

（2）使用 AI 工具对你的故事进行优化。

（3）在下次工作汇报中，尝试使用你的故事进行汇报，观察领导和同事的反应。

勇敢地去追求你的梦想，即使它遥不可及。

2.6 用 AI 帮你换位思考，争取公司资源不犯难

想象这样一个场景：你站在公司决策层会议室的门口，手里紧握着一份项目提案。这不仅仅是几张纸，而是你的团队在无数个日夜辛勤工作的结晶。你知道，一旦踏入这个房间，你将面临一场关于资源分配的较量。每个团队都渴望分得一块宝贵的"蛋糕"，而你，也必须为自己的梦想和团队的未来而战。

在这个资源紧张的时代，每一次的资源分配都可能成为项目成败的分水岭。你感到了前所未有的压力——如何让自己的项目在众多项目中脱颖而出？如何说服那些手握资源的决策者，让他们相信自己的项目值得投入资源？

在这场看不见硝烟的战争中，你需要的不仅是一个出色的项目，还有一种能力——一种能够清晰、有力、逻辑严密地传达你的诉求的能力。

在争取资源的战斗中，换位思考是一项重要的策略。我们要站在领导的角度，思考他们如何审视项目提案？他们将如何分配宝贵的资源？领导面前堆满了项目提案，他们的任务，是根据项目提案对有限的资源做出分配。我们要明白，资源是有限的，而需求是无限的。如果把资源给了 A 项目，那么 B 项目就可能因为缺乏支持而无法推进。

领导会紧盯着资源的投入产出比，并在心里盘算："这笔投

资能带来多少回报？是否值得冒险？"他们会从公司的整体利益出发，权衡每个项目的潜在价值，力求做出最优的选择。

因此，我们在争取资源时，不仅要展现自己项目的价值，更要胸怀大局，展现出对公司整体战略的深刻理解和支持。

在充分认识到领导对于资源分配的高度关注和对公司整体利益的考量后，我们将采用一个系统性的框架来展示我们项目的价值。这个框架包含 5 个部分，旨在帮助我们更全面、更深入地阐述项目的各个方面，从而增加获得领导支持的可能性，如下图所示。

▶ 争取资源

01	直面挑战与机遇	描述当前面临的难题，揭示潜在机遇。
02	展示成果与潜力	展示项目已有成果，强调项目取得更大成果的潜力。
03	分析影响与回报	强调项目的价值。
04	明确需求与效益	提出明确的请求，展示投入产出比。
05	做好计划与监控	制订行动计划，设计监控机制，确保项目进展顺利。

第一个部分：直面挑战与机遇

别绕弯子，我们要直说项目现在面临着什么难题，比如资金不足，人手紧张。紧接着，我们得聊聊这些难题背后藏着的机会，比如市场能扩大，产品能变得更好。这样一来，领导一开始就能感受到我们不仅知道问题在哪儿，还有决心和计划去解决它们。

第二个部分：展示成果与潜力

我们得给领导看看，就算资源紧张，我们也干得不错，比如已经完成了某些重要任务、市场给出了正面反馈等。然后，我们得让领导知道，只要再多提供些支持，我们能取得更好的成绩。这样领导就能更信任我们，也会对项目的未来充满期待。

第三个部分：分析影响与回报

我们得详细说说项目取得成功能给公司带来什么好处，比如公司能多赚多少钱、市场份额能增加多少。这时我们得呈现具体的数据和指标，让领导一眼就能看出项目的价值。但光说好话还不够，我们也得让领导知道，如果我们无法做好这个项目会对公司有多大的影响，比如可能会使公司错失市场机会，甚至使公司落后于竞争对手，对公司的长期发展造成不利影响。

通过了解以上内容，领导能够全面评估我们的项目。

第四个部分：明确需求与效益

到这一步，我们得明确告诉领导，项目需要哪些资源，比如需要多少资金、多少人、什么技术。同时，我们得说清楚，这些资源怎么用，预期能带来什么样的具体成果，让领导觉得投资我们的项目所能产生的效益是较高的。

第五个部分：做好计划与监控

我们最后要呈现一个详细的计划，告诉领导资源在项目内部怎么分配，项目如何完成，时间怎么安排。另外，我们还要设立

坚持自己的梦想，即使路途遥远。

监控机制，让领导随时知道项目进展得怎么样、成果如何。这样领导就能看到我们的执行力，知道我们能把项目做好。

按照这个框架来汇报，我们就能更清晰、更专业地向领导展示项目的亮点，让他们明白项目的重要性，从而更有可能赢得他们的支持和资源投入，推动项目顺利进行。

我们在申请资源时，可以按照这个框架一步步整理内容，也可以把项目背景发给 AI，让 AI 根据这个框架帮我们整理信息。

提问：

> 项目背景：
> 我们的团队正在开发一款虚拟现实教学应用，旨在通过沉浸式学习体验彻底改变在线教育。尽管目前我们面临资金和人才方面的挑战，但我们的初步原型已经在小规模测试中显示出巨大的潜力，获得了积极的用户反馈。我们相信，随着教育市场对虚拟现实技术需求的增长，我们的项目不仅能够吸引新用户，还能为我们平台带来显著的收入增长。为此，我们寻求 200 万元的资金支持，以采购必要的设备，扩充我们的技术团队，并推动产品走向市场。请按照下面 5 个部分，帮我整理信息，以便我向领导争取相关资源。
> 1. 直面挑战与机遇：描述当前面临的难题，揭示潜在机遇。
> 2. 展示成果与潜力：展示项目已有成果，强调项目取得更大成果的潜力。
> 3. 分析影响与回报：强调项目的价值。
> 4. 明确需求与效益：提出明确的请求，展示投入产出比。
> 5. 做好计划与监控：制订行动计划，设计监控机制，确保项目进展顺利。

AI 回答：

项目背景与资源争取

一、直面挑战与机遇

当前，我们团队正致力于开发一款虚拟现实教学应用，尽管面临资金短缺和人才招募的挑战，但我们坚信这些挑战背后蕴藏着巨大的机遇。随着教育市场对虚拟现实技术需求的日益增长，我们的应用有望彻底改变在线教育的面貌，为用户提供沉浸式的学习体验。

二、展示成果与潜力

在没有额外资源支持的情况下，我们的团队已经成功开发出初步的虚拟现实教学应用原型，并在小规模测试中获得了积极的用户反馈。这些成果不仅证明了我们的创新能力和技术实力，更预示着项目的巨大潜力。一旦获得足够的资源支持，我们有信心将这一潜力充分转化为现实，为市场带来颠覆性的在线教育产品。

三、分析影响与回报

项目成功实施后，将对公司的在线教育业务产生深远影响。首先，虚拟现实教学应用将吸引大量新用户，进一步扩大我们的市场份额。其次，通过提供独特的学习体验，我们的应用将提升用户满意度和忠诚度，从而为公司带来稳定的收入增长。此外，随着虚拟现实技术的普及和应用场景的拓展，我们的项目还有望为公司创造更多的商业机会和带来更多的合作伙伴。

四、明确需求与效益

为了推动项目的顺利实施，我们请求获得 200 万元的资金支持。这笔资金将用于采购必要的虚拟现实设备和软件，扩充技术团队以加速开发进度，以及进行市场推广和用户教育。通过合理的资源投入和高效的管理，我们预期将实现显著的经济效

你的态度决定你的高度。

益和社会效益。具体来说，我们预计在一年内实现成本回收并开始赢利；同时，我们的虚拟现实教学应用将为广大师生提供更加优质、高效、有趣的学习体验。

五、做好计划与监控

为确保项目的顺利实施，我们将制订详细的行动计划并设计有效的监控机制。首先，我们将明确项目的时间表和里程碑事件，确保团队成员对任务进度有清晰的认识。其次，我们将建立定期汇报和沟通机制，确保领导层及时了解项目进展和遇到的问题。最后，我们将设立专门的监控小组对项目的实施过程进行全程跟踪和评估，确保项目按照既定计划顺利推进。

在 AI 提供的回答的基础上，我们再根据实际情况进行完善即可。我们还可以继续追问，让 AI 扮演领导，提出关于项目的疑问，这样我们会准备得更充分。

提问：

请你扮演领导，如果下属就这个项目向你申请资源，请整理一下你可能会对这个项目产生的疑问。

AI 回答：

作为领导，如果下属就这个项目向我申请资源，我可能会产生以下疑问。

勇敢地拥抱变化，因为它是成长的催化剂。

1. 项目的市场定位与竞争分析：我们的虚拟现实教学应用在市场中的定位是什么？目前市场上是否已经有类似的产品？如果有，我们的产品相比竞品有哪些独特的优势？

2. 技术的可行性与成熟度：目前虚拟现实技术在教育领域的应用处于什么阶段？我们的技术团队是否具备开发成熟的虚拟现实教学应用的能力？我们是否已经解决了所有技术难题？

3. 资金使用的详细计划：申请的 200 万元将如何使用？是否有详细的资金使用计划？资金是否能够确保项目的顺利推进和完成？

4. 项目的风险评估与应对：项目在实施过程中可能存在哪些风险？我们是否已经对这些风险进行了充分的评估？针对这些风险，我们有哪些具体的应对措施？

5. 项目的时间表与里程碑：项目的整体时间表是怎样的？有哪些关键的里程碑节点？我们如何确保项目能够按时按质完成？

6. 预期的市场接受度与用户增长：我们如何评估市场对虚拟现实教学应用的接受度？预计的用户增长是怎样的？我们有哪些策略来吸引新用户并提升用户活跃度？

7. 项目的长期发展规划：这个虚拟现实教学应用只是我们短期内的一个项目，还是我们未来长期发展规划的一部分？我们是否有后续的产品迭代和市场拓展计划？

8. 与其他业务部门的协同：这个项目是否需要与其他业务部门进行协同？如果需要，我们如何确保各部门之间的顺畅沟通与合作？

9. 团队能力与扩充计划：目前的技术团队是否具备完成项目的能力？如果需要扩充团队，我们有哪些具体的计划？

10. 项目的社会效益：除了经济效益外，这个项目还能带来哪些社会效益？比如提高教育质量、促进教育公平等。

你的潜力，比你想象的要大得多。

　　针对这些问题，我们可以进行深入思考，并形成有力的论据和解决方案。这样，在向领导申请资源时，我们就能更有信心地展示我们的项目，并提高获得支持的可能性。我们要以精心的准备迎接每一个挑战，机会总是留给有准备的人的。

2.7 汇报坏消息时不用慌，AI 帮你化险为夷

　　以前，一说到要汇报消息，大家心里都犯怵。跟领导面对面时，往往直接把问题抛出来，就像是扔了个烫手山芋，这会让领导觉得我们不够成熟、没有担当。

　　其实，换个思路，汇报坏消息也是一个展现自己的担当、智慧和解决问题的能力的好机会。关键在于，我们得提前做好准备，琢磨好怎么说才能让领导听得进去，并能感受到我们解决问题的决心和行动力。

　　在本节中，我们将探讨如何以一种更加人性化和有策略的方式汇报坏消息。从理解坏消息的定义和影响，到掌握传统汇报方法的局限性，再到学习如何通过情景模拟和情绪管理来提升沟通技巧。我将一步步地引导你，帮助你在职场中化险为夷，将挑战转化为机遇。

汇报坏消息是一门艺术，它要求我们既要敏感又要机智。首先，汇报时机的选择至关重要。在问题确认无误后应尽早汇报，以便及时采取措施，但也要考虑到领导的情绪和所处的环境。比如，如果领导刚刚平息一个紧张的局势或正处于高压状态，这时候可能不是汇报坏消息的最佳时机。相反，寻找一个领导较为放松、心情平和的时刻汇报坏消息，领导才更有可能以冷静和理性的态度来听取汇报，并与你探讨解决方案。

然而，这并不意味着我们应该延迟汇报紧急或重要的坏消息。如果情况紧急，比如供应链问题可能导致关键项目延期完成，那么迅速汇报就至关重要。在这种情况下，我们的目标是及时提供准确无误的信息，以便团队能够迅速采取行动，如寻找替代供应商或调整生产计划。

在汇报时，我们必须确保信息的完整性，避免分次汇报可能造成的混淆和不安。就像讲述一个故事，我们需要给听众呈现完整的情节，而不是断断续续的片段。如果你负责的项目预算超支，你应该一次性汇报超支的总额、原因以及对项目进度的具体影响，而不是今天汇报一部分，明天再汇报剩余的部分。

汇报时的表达方式也很关键。我们可以使用积极的语言和数据对比来缓解坏消息带来的冲击，比如"虽然本季度的销售额未达标，但与去年同期相比仍有增长"。在汇报时，我们还可以用图表展示增长趋势，并强调增长的部分，同时说明未达标的原因和改进措施。又如，对于销售业绩下滑，如果我们直接说"销售业绩下滑了 5%"，可能会引起团队的担忧和领导的不满。但假

勇敢地面对自己的不足并努力改进。

如我们采用对比的方式来表述，情况就会有所不同，比如"虽然我们的销售业绩在这个季度下滑了 5%，但考虑到当前经济环境对整个行业的影响，以及对标企业普遍存在超过 10% 的销售业绩下滑的情况，我们相对而言显示出了较强的市场适应性和竞争力"。这种表述方式不仅提供了一个更宽广的视角，还强调了我们的销售业绩相对于行业整体情况的优势。

通过这种方法，我们不仅传达了事实，还展示了对形势的深刻理解和积极的态度。这样的沟通策略有助于缓解团队的紧张情绪，同时鼓励大家集中精力寻找解决问题的方法，而不是纠结于问题本身。

最后，我们要关注解决方案。汇报坏消息时，提出解决方案至关重要。这不仅显示了我们的主动性和解决问题的能力，还有助于增强团队的信心和凝聚力。

以项目管理为例，设想你负责一个关键项目，却遭遇了不可预测的技术难题，导致项目进度落后。你可能会直接汇报："领导，我们的项目遇到了一些挑战，交付可能会推迟。目前我们正在全力以赴地确定问题产生的具体原因。我担心客户可能会感到不满，但我们会尽最大努力去处理。"

这种汇报方式虽然显得你坦诚，但缺乏方向感和解决问题的明确计划，可能会让领导感到不满或担忧。

相比之下，如果你带着解决方案汇报："领导，我要向您汇报项目的最新情况。因技术问题，我们的项目进度落后了一些。不过，我们已迅速行动，增加了 2 名开发人员，并重新规划了工作进度。虽然我们仍专注于按原计划交付，但为了确保质量，可能需要额外的 3 周时间。我们特别关注客户满意度，目前已积极与客户沟通，争取客户的理解。"

通过这种方式，你不仅向领导展示了问题已被识别，还表明了你正在采取措施保护客户利益和公司的声誉。这无疑会让领导对你的表现给予肯定，并增强团队的信心和凝聚力。

通过这些策略，汇报坏消息不再是一件难事，我们要在职场中变挑战为机遇，展现出责任感。如果有 AI 的加持，汇报坏消息就更容易进行。

下面以我们的销售额未达标进行举例。

提问：

> 在对上个季度的业绩进行复盘时，我们发现销售额比预期目标少了 10%，实际达到 450 万美元，而目标是 500 万美元。这可能与季节性的市场低迷和竞争对手新推出的产品有关。当我向领导汇报这一坏消息时，如何用更积极的方式阐述？

AI 回答：

> 在这种情况下，您可以采用以下方式向领导汇报销售额未达标的问题，同时以积极的方式呈现信息。
>
> 尊敬的领导：
>
> 首先，我想直接向您汇报我们上个季度的销售额情况。实际销售额达到了 450 万美元，与我们设定的 500 万美元的目标相

你可以不完美，但你不能不努力。

比，少了 10%。经过深入分析，我们认为这主要是受到了季节性的市场低迷的影响，同时，竞争对手近期推出的新产品也对我们的市场份额造成了一定的冲击。

然而，在这样的背景下，我更希望强调几点积极的发现和我们正在采取的措施。

市场份额稳定：尽管销售额未达标，但我们的市场份额保持稳定，这表明我们的市场地位依然稳固。

客户忠诚度：我们的客户保留率仍然高于行业平均水平，这证明了我们产品的价值和客户满意度较高。

新产品反馈：我们最近推出的新产品在市场上获得了积极的反馈，虽然目前对销售额的贡献有限，但增长潜力巨大。

营销策略调整：我们已经根据市场反馈调整了营销策略，增强了针对性，预期将在下一个季度看到明显的效果。

成本优化：同时，我们也在实施成本优化措施，提高运营效率，确保利润率不受影响。

我们正积极面对当前的挑战，并有信心通过这些措施在接下来的季度中恢复增长势头。我们期待与您进一步讨论这些策略，并感谢您的支持和指导。

通过这种汇报方式，你不仅诚实地汇报了当前的情况，还展示了团队对问题的深刻理解、所采取的积极的应对措施以及对未来的乐观态度。这种汇报方式有助于减轻坏消息带来的负面影响，同时增强团队的信心和加深领导对你的信任。

在本节里，我们聊了聊在职场上怎么把坏消息说得不那么"坏"。我们明白了，虽然大家都不喜欢听坏消息，但只要我们

你的选择决定你的命运。

用心去准备，用对方法，就能减轻坏消息带来的冲击，甚至从坏消息中发现机遇。

AI 这个聪明的小帮手能帮我们分析数据，还能帮我们演练怎么汇报。这样我们汇报的时候就能更有信心，更有条理。

2.8 用 AI 美化 PPT，瞬间提升专业度

在快节奏的职场生活中，PPT 不仅能传递信息，更能展示职场人士的专业形象与能力。然而，对于众多非设计背景的职场人士来说，如何高效且专业地制作 PPT 是一个棘手的问题。

在工作间隙，你还要抽身成为"设计大师"，从零开始打磨每一页 PPT。即使你满腹经纶，才华横溢，但面对 PPT 的"颜值"挑战，也可能瞬间陷入绝望。色彩搭配杂乱无章，排版变成了文字与图片的胡乱堆砌，而图表更是僵硬地诉说着数据，激不起任何情感共鸣。

在这个时代，一份不专业的 PPT 足以让你的精心准备黯然失色。它不仅无法准确传达你的思想深度和工作价值，反而可能让人质疑你的专业能力和态度。这或许比直接的失败都更加让人难以承受。

你可以失败，但你不能放弃。

　　AI 技术的发展为 PPT 制作带来了革命性的变革。AI 工具仿佛拥有魔法，能够瞬间将你的 PPT 从"丑小鸭"变为"白天鹅"。它们不仅能够大幅缩短制作 PPT 的时间，让你有更多精力专注于内容本身；能够凭借其强大的设计能力和算法优化能力，让你的 PPT 在视觉方面达到专业水准，从而在无形中提升你的职业形象。

　　借助 AI，我们能够迅速完成 PPT 制作的全过程。接下来，让我们一同探索这一过程。

　　首先，我们可以使用 AI 工具来整理 PPT 大纲，你只需要告诉它 PPT 的主题，比如"职场时间管理"，或者简单地说说你想在 PPT 里讲哪几点内容。然后，AI 工具就会像变魔术一样，立刻给你提供一份完整的 PPT 大纲。

提问：

> 我要给基层员工进行关于"职场时间管理"的培训，请帮我整理一份 PPT 大纲，总共 10 页 PPT，要求目录页中各条目的字数保持一致，条目数量不超过 5 个，内容页的要点用短句阐述，每句不超过 10 个字。

AI 回答：

> PPT 大纲：职场时间管理（基层员工培训）
>
> **封面页**
> - 标题：职场时间管理培训
> - 副标题：高效工作，从管理时间开始
> - 日期和培训师
>
> **目录页**
> 1. 时间为何重要
> 2. 管理误区揭示
> 3. 核心原则精讲
> 4. 实用技巧分享（一）
> 5. 实用技巧分享（二）
> 6. 实用技巧分享（三）
> 7. 实用技巧分享（四）
> 8. 行动计划制订
> 9. 结语与鼓励
>
> **第 2 页：时间为何重要**
> - 不可再生资源

- 效率决定成果
- 影响职业发展

第 3 页：管理误区揭示

- 拖延症作祟
- 紧急≠重要
- 多任务陷阱

第 4 页：核心原则精讲

- 目标明确优先
- 专注创造价值
- 规划应对变化

第 5 页：实用技巧分享（一）

- 紧急重要矩阵
- 时间日志记录

第 6 页：实用技巧分享（二）

- 番茄工作法
- 时间块分配

第 7 页：实用技巧分享（三）

- 集中处理事情
- 礼貌拒绝无关紧要的事情
- 设定沟通时段

第 8 页：实用技巧分享（四）

- 定期回顾总结
- 调整优化计划
- 持续改进习惯

第 9 页：行动计划制订

选择是一时的人生，但人生是永恒的选择。

- 个人现状分析
- 设定具体目标
- 制订实施步骤

第 10 页：结语与鼓励

- 实践出真知
- 持之以恒地改变
- 期待更好的自己

这份大纲将职场时间管理的培训内容浓缩到了10页PPT中，每页要点简洁明了，便于基层员工快速理解和掌握。同时，它通过逐步深入的方式，从时间的重要性讲起，到管理误区的揭示，再到核心原则的讲解和实用技巧的分享，最后引导员工制订个人行动计划，形成了一个完整的培训流程。

接着我们打开讯飞智文的官网，单击"文本创建"，把刚才 AI 工具整理好的 PPT 大纲复制到文本框中，然后单击"下一步"。讯飞智文会识别我们提供的文本并进行一定调整，识别完成后单击"下一步"。

选择一个自己喜欢的模板，单击右上角的"开始生成"。

只需要两分钟，讯飞智文就会生成一份完整的 PPT，如下页图所示。

距离并不是问题，相向而行才是关键。

单击右上角的"模板"，可以再次调出模板库。

选择其他模板，讯飞智文就会更换全套模板。

单击右上角的"智文 AI"，可以对每一页的文字内容进行调整。调整完后，单击右上角的"下载"，可以把做好的 PPT 下载到自己的计算机上，是不是很快速呢？

目前快速生成一份完整的 PPT 的 AI 工具还有 Kimi、Gamma 等等。大家可以多多尝试，找到最适合自己的工具。

如果你只是想快速调整单页 PPT，我推荐使用 iSlide，下载并安装好后，它就会出现在你的 Office 或者 WPS 中。

iSlide 有 iSlide AI 功能，你可以利用该功能生成单页 PPT。选择"生成单页"，单击对话框中的"用标题生成"或者"用内容生成"，并把单页 PPT 的内容发给它。它会对其进行完善，如果你不需要这些新增的内容，可以选择"编辑"来删除。

03

AI 赋能，
让平级沟通更高效

3.1 用 AI 预测沟通挑战，有效规避潜在问题

在职场中，沟通就像是一座桥梁，是推动工作、达成目标的必经之路。然而，这座桥梁并非总是畅通无阻。有时，我们在与同事讨论时，会遭遇一些意想不到的困境，仿佛沟通这座桥梁上出现了巨大的障碍物。

你是否有过这样的经历？在会议上，你兴致勃勃地提出一个想法，希望与同事共同探讨，却惊讶地发现他们对这个问题的理解与你截然不同，这让你感到困惑和沮丧。

或者，在讨论某些敏感的议题时，原本应该开诚布公地交换意见，你们却因为担心伤害对方或引起不必要的争议而陷入尴尬的沉默。你们都在努力避免触碰那些可能引发冲突的"雷区"，但也让沟通变得越发困难。

这些平级沟通中的痛点，无疑给你们的职场生活带来了诸多不便。它们不仅阻碍了信息的有效传递，还可能影响到团队的合作氛围和整体效率。因此，我们需要正视这些问题，并寻求解决之道。

想要平级沟通更顺畅，我们要先了解沟通模型，如下页图所示。

沟通这件事就像搭桥，得把信息的发送者和接收者连接起来，让信息顺利地进行传递。这个过程中有许多重要的步骤和要点。

路虽远，行则将至；事虽难，做则必成。

▶ 沟通模型

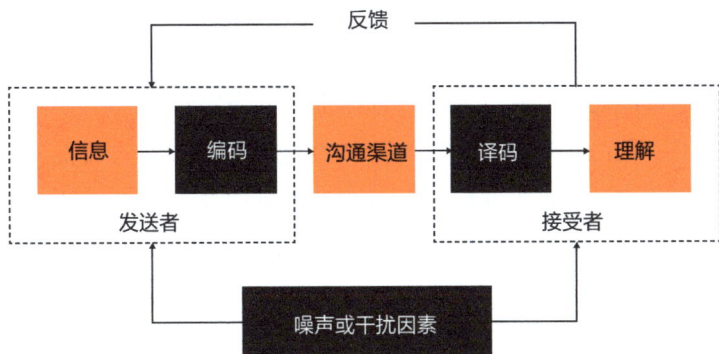

先说说信息的发送者，也就是信息的起点。他们得想清楚自己要说什么，为什么说，然后才能把信息整理好，准备告诉别人。

接下来就是把这些信息变成信息接收者能理解的话或者符号，这个过程叫作编码。信息的发送者得想想信息的接收者能不能理解，要保证信息既准确又容易理解。

信息准备好了，就要以一种方式传递出去，可以是面对面谈话、写信、发邮件或者用社交媒体，即确定沟通渠道。每种方式都有它的好处和不足。正式的方式比较严肃，适合传达重要的信息；非正式的方式就比较轻松，适合团队内部的日常交流。

信息传递到接收者那里，他们就得开始解码，把收到的话或者符号转化为原来的意思。这需要信息的接收者和发送者有相当的背景和理解能力。

不过，沟通可不只是能听懂就可以了。信息的接收者还要把信息好好消化一下，这就是理解。只有信息被真正理解了，沟通才算成功了。

在沟通过程中，我们无法直接控制对方如何理解我们传达的信息。因此，为了降低被误解和产生歧义的可能性，我们需要尽力确保自己的表达清晰明了，并选择合适的沟通渠道。此外，主动寻求对方的反馈和确认也是非常重要的，这样能确保我们的信息被准确接收和理解。

总的来说，沟通是件挺复杂的事，需要信息的发送者与接收者密切配合。只要编码、传递、解码、理解等环节都做好了，就能保证信息传得又准又快，让沟通效果更上一层楼。

了解了沟通模型后，我们可以预测平级沟通中可能会出现的沟通挑战，并提前准备应对策略。

首先，说话的方式很重要。如果我们用词太复杂或者太专业，别人可能听不懂我们的意思，所以，我们得尽量用简单直白的话来表达，让人一听就明白。

其次，了解同事的沟通习惯也很关键。有的人喜欢面对面聊天，有的人可能更喜欢写邮件或者用聊天软件。了解大家的沟通习惯，然后依据这些习惯进行沟通，效果会更好。

再次，文化差异也不能忽视。我们的同事可能来自不同的地方，对同一件事的看法可能各不相同。我们要保持开放的心态，尊重每个人的文化背景，避免因为文化差异产生误会。

另外，情绪控制也是沟通中的重要一环。压力大或者讨论的

辞暮尔尔，烟火年年。日子滚烫，人间可爱。

话题比较敏感时，我们容易变得情绪激动，这时候应保持冷静，理智地表达自己的观点，同时也要耐心倾听别人的意见。如果和同事意见不合，先别急着争辩。大家一起讨论、商量，找个双方都能接受的解决办法。

最后，沟通完以后确认一下对方是否真的理解了我们的意图，避免因为误解而产生麻烦。

除了自己提前预测沟通中可能出现的挑战，AI 也可以帮助我们预测可能出现的沟通挑战，提前想好应对方案。它还可以模拟不同的沟通场景，让我们提前练习，提升沟通效果。

假设你是一家软件开发公司的技术团队负责人，需要与非技术背景的产品经理和市场营销团队讨论即将进行的软件更新。你可以把预计沟通的内容发给 AI，让它分析并预测可能出现的沟通挑战。

提问：

> 我是一家软件开发公司的技术团队负责人，需要与没有技术背景的产品经理和市场营销团队讨论即将进行的软件更新。
> 初步的沟通内容如下，请帮我预测这是否会导致沟通障碍。
> "大家好，我想和大家讨论我们即将进行的软件更新。这次更新包括一系列的后端优化，比如改进了数据库索引，优化了查询算法，以及增强了系统的并发处理能力。我们还引入了一些新的功能，比如自动备份和恢复功能，以及做了一些用户界面上的改进。"

AI 回答：

您的初步沟通内容对于技术团队来说是非常清晰和专业的，但考虑到您的听众包括没有技术背景的产品经理和市场营销团队，确实有可能存在沟通障碍。以下是一些建议，以帮助您更好地与没有技术背景的听众沟通。

1. 优化技术术语：避免使用过于专业的术语，如"数据库索引""查询算法"等。如果必须使用，可以简要解释这些术语的含义。

2. 强调用户价值：没有技术背景的听众更关心的是这些更新如何影响用户。因此，您可以强调这些更新将如何提升用户体验。

3. 使用实例和场景：举例说明某项更新的实际效果，这样可以帮助没有技术背景的听众更好地理解。

基于上述建议，您可以这样调整沟通内容：

"大家好，很高兴能和大家分享我们即将进行的软件更新。首先，我们在系统内部做了一些优化，这使得我们的软件在处理大量数据和用户请求时更加迅速和稳定。这意味着用户在使用我们的软件时，无论是搜索信息还是进行其他操作，都会感到更加流畅和快速。

"其次，我们增加了一些新功能，这些功能将直接提升用户的体验。比如，我们引入了自动备份和恢复功能，这样即使出现意外情况，用户的数据也能得到保存。另外，我们对用户界面也进行了一些改进，使得导航更加直观，同时也增强了可访问性，让不同年龄和能力的用户都能轻松使用我们的软件。

"我们相信，这些更新将让我们的软件更加出色，也更能满足用户的需求。期待大家的反馈和建议。"

这样的表达更加通俗易懂，能够更好地促进沟通与合作。

紧接着，我们还可以继续问 AI：

> 请帮我预测在本次沟通中对方可能会提出的异议。

AI 回答：

> 在与没有技术背景的产品经理和市场营销团队沟通时，对方可能会提出的异议包括以下几点。
>
> 1. 技术细节不明确：产品经理和市场营销团队可能对于"后端优化""数据库索引"等具体技术细节不够了解，他们可能会询问这些优化具体如何影响用户，或者这些优化为什么是必要的。
>
> 2. 用户价值不明显：产品经理和市场营销团队更关心的是这些更新能否直接转化为用户价值。他们可能会质疑某些更新是否真的能提升用户体验，或者这些更新对于市场推广和用户增长是否有显著影响。
>
> 3. 时间表和进度：产品经理和市场营销团队可能会关心更新的发布时间表和进度安排，以确保与市场营销策略相协调，并避免潜在的延期或时间冲突。
>
> 4. 资源分配：如果软件开发团队为了这次更新投入了大量的资源，产品经理和市场营销团队可能会关心这些资源是否得到了合理的利用，以及是否还有其他更重要的项目或功能需要优先考虑。
>
> 5. 与市场需求不匹配：市场营销团队可能会担心某些更新或功能并不符合当前的市场需求。他们可能会提出，是否应该优先关注用户反馈中提到的其他功能或值得改进之处。
>
> 6. 风险评估：产品经理和市场营销团队可能会担心这些更新可能带来的风险，比如系统稳定性下降、用户数据丢失等。他们

可能会要求您提供更详细的测试计划和风险评估报告。

7. 培训和支持：如果更新涉及用户界面的改变或新功能的增加，产品经理和市场营销团队可能会关心是否需要为用户提供培训和支持，以确保他们能够充分利用这些新功能。

为了有效应对这些异议，您可以提前准备相关材料，比如用户价值分析、市场需求调研、风险评估报告等，并在沟通中主动提及和解释这些问题。同时，您要保持开放和合作的态度，积极听取对方的意见和建议，以确保软件更新能够真正满足市场和用户的需求。

　　怎么样？AI是不是考虑得很全面呢？有了AI的预测，我们的沟通准备就会更充分，沟通效果会更好。

　　在职场中，用AI预测沟通挑战，能让我们避免很多麻烦。但别忘了，真正的沟通高手总是在实践中不断学习和进步的。好的沟通是双向的，倾听比说话更重要。让我们一起努力，用更真诚的心、更智慧的头脑营造更和谐的团队氛围，携手向前，共创美好未来！

人生如逆旅，我亦是行人。

3.2 用 AI 梳理沟通思路，确保准备充分

　　李华，一位中层产品经理，正面临着一个挑战：他需要说服同事们支持他的新产品开发计划。这个计划不仅关系到他的职业发展，也是他的团队下半年的工作重点。

　　李华深知，同级沟通并不简单。他的同事们都有自己的任务和压力，他们对新计划的态度可能会因为各自的工作负担及其对变化的接受程度而有所不同。因此，李华需要一个清晰的沟通策略，以确保他的计划不仅被听到，而且被理解和接受。

　　在准备沟通的前一天，李华坐在计算机前，思绪万千。他知道，如果不能有效地组织自己的思路，他的计划可能会在同事们的疑虑和反对声中被否决。他多希望自己有一个智囊团，帮他一起梳理这次沟通的思路。

　　我们每个人都可以轻松拥有的沟通智囊团就是 AI。AI 在梳理沟通思路时可以帮我们做的内容。

　　（1）设定目标：先问问自己为什么要沟通？是想让大家同意自己的方案，还是分享新鲜事？把这个目标写下来，这样你在沟通时就不会跑题了。

　　（2）受众分析：想想你要跟谁聊天？他们是什么样的人？

他们关心什么？他们可能对你的方案有什么反应？了解了这些，你就能更好地跟他们交流。

（3）沟通框架：把你的沟通内容想象成一座房子，它需要一个框架来支撑。这个框架就是你的开场白、要说的重点和结束语。这样在沟通时你就不会语无伦次了。

设定目标时一个很好用的工具是 SMART 分析法，SMART 分析法就像是一个简单的指南，能帮助我们设定和实现目标。它包括 5 个要点。

明确性：目标要明确，比如"我要减肥"不如"我要减掉 10 斤"（5 千克）具体。

可衡量性：要有方法来检查进度，比如"我要每天跑 5 千米"。

可达成性：目标要现实，比如"我要在一周内学会法语"就不太现实。

相关性：目标要对你有意义，比如"我要每天读书"可能对爱学习的人来说很重要。

时限性：要有完成目标的截止日期，比如"我要在 3 个月内减掉 10 斤"。

用 SMART 分析法的好处是，它能让目标更清晰、更容易实现。所以，我们在让 AI 帮我们设定目标时，可以要求设定的目标符合 SMART 分析法。

提问：

我是一名产品经理，需要准备一次会议，目的是让同事们支持我的智能手表新产品开发计划。这个计划是我们团队下半年的工作重点，并且对我的职业发展至关重要。我希望通过这次会议获得同事们的全面支持，包括资金、人力资源和技术资源的投入。我还需要确保每个人都明白自己的角色和责任，以及我们期望达成的关键里程碑。请帮我制定本次沟通目标，制定的目标要符合 SMART 分析法。

AI 回答:

SMART 分析法是一种制定目标的方法，它要求目标应该具有明确性（Specific）、可衡量性（Measurable）、可达成性（Attainable）、相关性（Realistic）和时限性（Time-based）。以下是根据 SMART 分析法为您的智能手表新产品开发计划会议制定的目标。

1. 明确性（Specific）
   - 明确会议的主要目标是获得团队对智能手表新产品开发计划的支持。
   - 确定新产品的关键特性和预期的市场定位。
2. 可衡量性（Measurable）
   - 设定具体的量化指标，如新产品开发完成的具体日期、预算使用情况、预期的市场反馈等。
   - 确定资源投入的量化标准，比如资金分配的具体数额、人力资源的具体数量和技术水平。
3. 可达成性（Attainable）

凡事预则立，不预则废。

- 根据公司现有的资源和能力，制订一个实际可行的开发计划。
- 确保目标在技术和资源上是可实现的，避免过度乐观或不切实际的期望。

4. 相关性（Realistic）

- 确保会议目标与公司的整体战略和市场趋势保持一致。
- 明确新产品开发计划对公司和团队的长远发展有何重要意义。

5. 时限性（Time-based）

- 为新产品开发计划设定明确的时间表，包括关键里程碑的达成日期。
- 确定会议后的行动计划，包括短期和长期的跟进步骤。

基于以上原则，您可以制定如下会议目标。

目标1：在会议结束时，获得团队对智能手表新产品开发计划的全面支持，包括至少80%的团队成员的积极反馈和承诺。

目标2：确保会议中明确分配给每个团队成员的具体角色和责任，并设定完成各自任务的截止日期。

目标3：在会议中达成共识，确定新产品开发的关键里程碑，包括原型设计完成日期、产品测试日期和上市日期等。

目标4：确保会议结束后，有一个详细的资源分配计划，包括资金、人力资源和技术资源的具体分配方案。

目标5：设定一个具体的项目跟进机制，包括定期的进度报告和团队沟通会议，以确保项目按计划进行。

准备会议时，确保您有充分的数据和案例来支持您的计划，同时也要准备好应对可能的反对意见和问题。通过这种方式，您可以更有效地传达您的愿景，并赢得团队的支持。

你要有长远眼光，才能把握未来方向。

我们还可以利用 AI 进行进一步的调整，这样我们便能得到非常明确的沟通目标。

接着我们分析受众，先给 AI 提供受众的相关背景，以便 AI 帮助我们进行分析。

提问：

我是一名产品经理，需要准备一次会议，目的是让同事们支持我的智能手表新产品开发计划。我即将和几位关键同事讨论新产品开发计划。这些同事分别来自研发、市场、销售和客户服务部门。

研发部的张工对技术充满热情，但过去在资源紧张时曾表现出担忧。市场部的李经理对预算控制得很紧，可能会担心推广成本。销售部的王总监对销售目标很敏感，可能会问及产品上市时间和预期销量。客户服务部的赵主管则总是把客户满意度放在首位，可能会对新产品带来的服务挑战有所顾虑。

我需要了解他们可能的顾虑，以便更好地准备我的提案。

AI 回答：

为了准备这次会议并更好地应对各个部门的顾虑，您可以针对每位同事的潜在关注点进行准备。以下是一些建议。

针对研发部张工：

● 强调新产品开发计划的技术创新性和市场潜力，展示其对公司长远发展的重要性；

● 提前与张工沟通，了解他对于技术资源的需求和担忧，并准备相应的解决方案；

● 展示您对技术风险的评估和管理策略，以及如何在资源紧张的情况下确保项目顺利进行。

针对市场部李经理：

● 清晰地阐述新产品的市场定位和推广策略，以及预期的推广成本；

● 准备一份详细的预算计划，包括推广费用的分配和预期效果，以证明您的提案的成本效益优势；

● 强调新产品将如何提升公司品牌形象和扩大市场份额，并带来长期的市场回报。

针对销售部王总监：

● 提供详细的产品上市时间表，包括研发、生产和市场推广等关键节点；

● 展示您对市场趋势的分析和预测，以及新产品在市场上的竞争优势和预期销量；

● 准备一份销售计划，包括销售目标、销售策略和激励措施，以激发销售团队的积极性。

针对客户服务部赵主管：

● 强调您对客户满意度的重视，并展示新产品如何提升客户体验。

● 准备一份客户服务计划，包括新产品培训、客户服务流程改进和投诉处理策略等内容。

● 邀请赵主管参与新产品的测试和用户反馈收集过程，以便及时了解并解决潜在问题。

此外，在会议中，您还可以采用以下策略来增强说服力。

● 使用数据和事实来支持你的观点，如市场分析报告、竞争对手的产品信息、客户调研结果等。

追光的人，终将光芒万丈。

● 强调团队合作的重要性，并展示您的提案如何促进各部门之间的协同工作。

● 保持开放和倾听的态度，认真回应同事们的问题和关注点，以建立信任和共识。

通过充分准备和有针对性的沟通，您将能够更好地应对同事们的顾虑，并争取到他们对新产品开发计划的支持。

完成了对受众的分析，最后我们可以让 AI 帮我们制定本次沟通的框架和议程。

提问：

我是一名产品经理，需要准备一次会议，目的是让同事们支持我的智能手表新产品开发计划。我即将和几位关键同事讨论新产品开发计划。这些同事分别来自研发、市场、销售和客户服务部门。 研发部的张工对技术充满热情，但过去在资源紧张时曾表现出担忧。市场部的李经理对预算控制得很紧，可能会担心推广成本。销售部的王总监对销售目标很敏感，可能会问及产品上市时间和预期销量。客户服务部的赵主管则总是把客户满意度放在首位，可能会对新产品带来的服务挑战有所顾虑。请帮我制定本次沟通的框架和议程。

AI 回答：

为了使您成功地争取到同事们对智能手表新产品开发计划的支持，以下是一个建议的沟通框架和议程。

沟通框架

一、引言

简短介绍智能手表市场现状和潜力。

阐述新产品开发计划的重要性和紧迫性。

二、产品概述

详细介绍智能手表的主要功能、特点和优势。

展示产品原型或设计图，让同事们对产品有更直观的了解。

三、部门关注点解答

针对研发部张工：强调技术实现的可能性，展示资源分配计划，确保项目顺利进行。

针对市场部李经理：详细分析推广成本，提供合理的预算方案和营销策略。

针对销售部王总监：明确上市时间表，预测并阐述潜在的市场需求和销量。

针对客户服务部赵主管：讨论可能的服务挑战，制定应对措施，确保客户满意。

四、互动环节

邀请各部门同事提问和讨论，打消他们的疑虑。

收集意见和建议，为后续的计划优化做准备。

五、总结与感谢

总结本次会议的重点内容和讨论成果。

感谢同事们的参与和支持，强调团队合作的重要性。

议程

09:00 — 09:10 开场致辞（主持人）

09:11 — 09:30 产品概述（产品经理）

09:31 — 09:50 研发部关注点解答（产品经理）

09:51 — 10:10 市场部关注点解答（产品经理）

10:11 — 10:30 销售部关注点解答（产品经理）

10:31 — 10:50 客户服务部关注点解答（产品经理）

10:51 — 11:20 互动环节（全体参与）

11:21 — 11:30 总结与感谢（主持人）

请注意，以上议程和时间安排可根据实际情况进行调整。在准备过程中，务必深入了解各部门的关注点和需求，确保能够有针对性地解答他们的疑虑和提出有说服力的解决方案。同时，保持良好的沟通氛围和尊重每个部门的意见也是非常重要的。

　　根据 AI 的回答，我们可以做进一步的调整如果对 AI 的回答不满意，我们还可以让 AI 重新整理，甚至可以尝试利用不同的 AI 来获得不同的回答，择优使用。

听懂
弦外之音
比
听懂语言
更重要

赞美时
具体到细节
批评时
抽象到共性

赢在表达：AI 时代职场沟通指南

3.3 用 AI 组织积极语言，好人缘不是梦

在职场中，我们经常需要与他人沟通，然而你是否曾经注意到，对于同样的内容，以不同的方式表达会产生截然不同的沟通效果。

你是否遇到过这样的情况：你明明是想给同事提供建设性的反馈，帮助他们改进工作，却因为用词过于直接或语气过于严肃，而被误解为是在批评或指责他们？这种误解不仅会让你感到沮丧，还会影响你和同事之间的关系。

在面对挑战和困难时，团队中不可避免地会出现一些消极的情绪。一句"这不可能"可能会像病毒一样迅速传播，打击整个团队的士气，让大家都陷入沮丧和失望之中。

更糟糕的是，有时候一次无心的抱怨或质疑，就可能会让团队成员对你的承诺和能力产生怀疑，从而影响团队的凝聚力。

这些职场中的沟通难题是不是让你觉得头疼？别担心，我们有办法解决！在这一节里，我们要聊聊如何用更积极的语言来化解这些沟通难题。

你知道吗？即使在压力很大的时候，我们也能用积极的语言来让团队更加团结、更加有劲儿。这不仅可以增强成员之间的信任，还能激发出更多的创意。

你有没有想过，为什么一句"干得不错"能让人心情大好，

真正的知识是知道自己"无知"。

而一句"这不行"却能让人心情跌到谷底？这就是积极语言的"魔力"。它不仅能激发人的内在动力，还能增强自信，鼓舞人心。

积极语言能让人感到自己被重视和认可。在职场上，使用积极语言能减少误解，让大家更愿意接受你的观点，团队的凝聚力也会随之增强。

心理学告诉我们，当我们用积极语言与人沟通时，我们其实是在传递一种正面的情绪。这种情绪能让人更加自信，更有动力去迎接挑战。

所以，下次你想要提出建议或者反馈时，试着用积极的语言来表达。你会发现，这不仅能让你的话更容易被接受，还能让团队的氛围变得更加积极。

使用积极语言沟通，听起来可能是职场沟通中的高阶技能，但我们可以通过 HAPPY 模式来掌握它。

（1）H——诚实（Honest）

使用积极语言并不意味着要回避问题或说谎，而是要诚实地表达正面的观点。即使是在提出问题时，也要基于事实。

（2）A——肯定（Affirming）

使用肯定的语言来认可他人的行为或想法。肯定可以增强个人的价值感和归属感，比如使用"你的想法很有创意"来代替批评。

（3）P——积极（Positive）

选择正面的词汇来构建你的信息。用"我们可以""有可能"这样的词来代替消极的"不能"或"不会"。

（4）P——鼓励（Promoting）

鼓励的语气能够激发他人的潜力。即使是在面对挑战时，也要用"我相信我们能够克服这个难题"来代替"这太难了"。

（5）Y——有希望的（Yielding Hope）

在沟通中传达希望和可能性。即使是在讨论问题时，也要用"我们来探讨一下这个问题的潜在解决方案"来代替"这是个死胡同"。

HAPPY 模式能帮我们把话说得更好，让工作氛围更融洽、团队合作更顺畅，还能使大家一起想出新点子。

此外，AI 也能帮我们分析话语，找出那些可能带来负面影响的地方，然后提供更好的说法。这样，我们就能在职场中沟通得更顺畅，人缘也更好。

为了让 AI 的回答更准确，我们可以在提问时利用下面几个积极语言的公式。

积极语言 = 挑战识别 + 解决方案 + 行动呼吁

适用场景：项目进度管理。

案例：项目延期。

积极语言："我们的项目进度目前比原计划落后了10%，这主要是因为供应链延迟。为了赶上进度，我们可以增加15%的人力资源，并调整后续的里程碑计划。让我们立即行动起来，确保在接下来的两周内完成关键任务。"

得道多助，失道寡助。

积极语言 = 问题陈述 + 积极因素 + 鼓励性话语

适用场景：产品开发中遇到技术难题。

案例：产品测试结果未达预期。

积极表述："在最近的产品测试中，我们发现性能比预期低了 20%，这指向了算法效率的问题。但值得肯定的是，我们的团队在设计上的创新获得了行业专家的好评。让我们利用这种创新精神，集中精力优化算法。我相信在下一轮测试中，性能至少能提高 15%。"

积极语言 = 目标重申 + 积极行动 + 正面预期

适用场景：销售业绩分析和策略调整。

案例：销售业绩未达标。

积极语言："虽然我们上个季度的销售额比目标低了 5%，但我们的市场份额增长了 3%，并且客户满意度提高了 7%。这说明我们的产品质量和服务得到了认可，让我们继续保持这种势头。通过增加 10% 的市场推广预算和优化客户关系管理，我相信在本季度末，我们能够实现 10% 的销售额增长。"

接下来，我们就通过实际的例子，看看 AI 是怎么帮我们用积极语言让职场沟通变得更加轻松愉快的。

案例

项目延期问题

提问：

我是一家专注于创新科技产品的公司的资深项目经理，负责领导一个多元化的团队，我们团队正在开发一款新型智能家居控制系统。该产品原定于 6 个月内完成开发并上市，但目前由于第三方的技术障碍和一些关键功能的复杂性超出预期，项目进度已经落后了 10%。团队成员开始焦虑，担心这会影响到公司的市场竞争力和客户信任度。我该怎么向团队表述这个情况，让他们不气馁呢？请用"挑战识别 + 解决方案 + 行动呼吁"的公式组织积极语言。

AI 回答：

面对当前的挑战，作为资深项目经理，您可以采用以下积极语言来激励团队。

挑战识别：

亲爱的团队成员们，首先我想感谢大家在开发这款新型智能家居控制系统过程中的辛勤工作和不懈努力。我们面临的挑战是，由于第三方的技术障碍以及一些关键功能的复杂性超出了我们的预期，项目进度比原计划落后了 10%。这确实是一个需要我们共同面对和解决的问题。

解决方案：

然而，挑战总是伴随着机遇。我们已经识别出了问题，并且正在积极寻找解决方案。我们计划重新评估项目计划，优化资源

真正的爱是给予，而不是索取。

分配，并与第三方供应商进行更紧密的沟通，以确保技术障碍能够尽快得到解决。同时，我们也将探索创新的方法来简化关键功能的开发流程，提高开发效率。

行动呼吁：

现在，我需要每一位团队成员的支持和积极参与。请大家保持积极的态度，与我一起面对这些挑战。我们将组织一系列头脑风暴会议，集思广益，寻找突破点。我相信，凭借我们团队的才华和创造力，我们不仅能够克服当前的困难，还能将这次经历转化为提升我们产品竞争力的机会。让我们一起努力，确保我们的智能家居控制系统能够以最佳状态面市，赢得市场和客户的信任。

根据不同的情况，我们可以要求 AI 运用不同的公式组织积极语言。记住，我们提供的背景信息越详细，AI 给出的方案就会越好。

经过本节的探索，我们见证了 AI 如何成为我们职场沟通的得力助手，帮助我们组织积极语言，让我们在职场中拥有好人缘。

3.4 AI 让你秒变倾听达人，沟通更加自然顺畅

在职场这个大舞台上，我们常常把聚光灯打在口才上，却忽略了倾听的魅力。其实，倾听不只与耳朵有关，更是心与心的交流。

竖起耳朵，敞开心扉，你就能洞察同事的心思。当你真正这样做了，同事会觉得被尊重、被理解，就像找到了一个知心朋友。这会给团队注入一股暖流，让合作水到渠成，让办公室的氛围变得和谐。

要想成为倾听的高手，掌握 SOFEN 模型十分重要。这个模型简单易记，能帮你在与人交流时展示出你的全神贯注。

（1）S——Smile（微笑）

在沟通时微笑，能让对方感受到你的友好。

（2）O——Open Posture（开放姿态）

保持身体的放松和舒展，这样显得随和，愿意听对方说话。

（3）F——Forward Lean（身体前倾）

在沟通中，身体可以稍微前倾，以表示你对对方说的内容感兴趣。但别太夸张，不然对方可能会被你吓一跳。

（4）E——Eye Contact（眼神交流）

在沟通过程中可以时不时地看看对方的眼睛，这样既显得你

工作是一种态度，而态度决定一切。

认真，又不会让对方觉得不舒服。

（5）N——Nod（点头）

当对方说话的时候，你可以点点头，表示你在听，也听懂了他们的意思。

用好这些小技巧，不管是和同事聊天还是和领导谈话，你都能让对方觉得你特别尊重他们，而且很懂礼貌。这样一来，你的人缘自然会越来越好。

要更高效地倾听，我们可以专注于 3 个方面的信息，即 Fact（事实）、Feeling（情绪）和 Focus（意图）。

（1）Fact（事实）

仔细聆听对方提供的具体信息和细节，注意他们说的是什么，而不是你期望听到什么。

（2）Feeling（情绪）

通过对方的语气、语速、面部表情和身体语言来识别其情绪状态。情绪可以透露对方对某个话题的真实感受。

（3）Focus（意图）

试图理解对方说话的目的和意图。比如，他们想要传达什么信息？他们希望通过这次对话达到什么结果？

下面我们通过一个实际的例子来理解如何专注于上述 3 个方面的信息。

案例背景：

你是一家科技公司的项目经理，与你的同事小李一起工作。小李最近负责了一个关键的软件开发项目，但他在团队会议上表达了一些担忧。

小李的发言：

"我们目前的软件开发进度比预期慢，主要是因为一些关键功能比预期的要复杂。我担心如果我们不能按时交付，客户会对我们失去信心。我认为我们需要增加开发资源，或者至少重新评估我们的项目时间表。"

Fact（事实）：

项目进度慢于预期；关键功能比预期复杂。

Feeling（情绪）：

小李表达了担忧，语气中透露出对项目延期和客户信心的关切。

Focus（意图）：

他希望引起团队对项目延期的关注，并寻求解决方案，比如增加资源或调整时间表。

你可以这样回应：

"小李，我理解你的担忧。让我们先详细审查一下是哪些功能导致了延期，然后我们可以评估是否需要更多的开发资源。同时，我们也需要与客户沟通当前的情况，确保他们了解我们的进展和任何可能的调整。这样我们就可以一起制定一个更实际的项目时间表，确保客户对我们保持信心。"

通过这个回应，你不仅确认了小李提出的问题，还提出了具体的行动步骤，包括审查项目、评估资源需求、与客户沟通，以及制定一个更实际的项目时间表。

现在，借助 AI，我们在倾听时更加高效。AI 不仅能帮助我们进行实时记录，避免信息遗漏，还能够深入分析对话内容，揭示关键信息和潜在含义。

现在市场上常用的实时记录工具有飞书妙记、通义听悟、讯飞听见等。这些工具利用 AI 技术，可以帮助我们在会议、培训、访谈等不同场合实现高效的信息记录和整理，提升工作和学习的效率。

有了相关记录，AI 还可以进一步完成分析工作。

李华和张强是同一家科技公司的资深员工，分别担任产品经理和开发团队负责人。李华与张强就产品迭代展开了讨论后，希望利用 AI 对张强的发言进行分析。

提问：

> 请对张强的发言内容进行 Fact（事实）、Feeling（情绪）和 Focus（意图）分析，并给出反馈建议。
>
> 会议对话内容：
>
> 李华（产品经理）："大家好，首先感谢大家在上次迭代中的辛勤工作。我们收到了很多用户的积极反馈，但也发现了一些

需要改进的地方。基于用户的反馈，我建议在下一个版本中加入几个新功能，特别是那个关于数据可视化的功能，用户表示这将极大地提升他们的使用体验。"

张强（开发团队负责人）："李华，我理解你的想法，我们确实收到了很多关于这个功能的请求。但老实说，目前我们的开发计划已经排得很满了，团队成员都在全力以赴以满足当前的交付目标。如果再开发新功能，我担心团队的压力会过大，可能会影响我们的代码质量和项目进度。"

李华："我明白你的担忧，代码质量对我们来说至关重要。不过，根据我们的市场调研，这个新功能将使我们的产品在市场上更具竞争力。我建议我们可以重新评估当前任务的优先级，看看是否有可能通过调整资源分配来实现这个功能。"

张强："重新评估优先级可能意味着要推迟一些当前的任务，这需要我们仔细考虑。此外，我们还需要评估这个新功能的技术可行性和实现难度。如果开发过程过于复杂，可能不值得冒这个险。"

李华："我同意评估技术可行性。我们可以先进行一个初步的技术审查，看看实现这个功能需要多少工作量和时间。同时，我们也可以探讨是否有更高效的开发方法，比如采用模块化设计来减少开发时间。"

AI 回答：

针对张强发言内容的 Fact（事实）、Feeling（情绪）和 Focus（意图）分析如下。

事实（Fact）

人间没有永恒的夜晚，世界没有永恒的冬天。

1. 开发计划已满：张强指出当前的开发计划已经排得很满了。

2. 团队压力：张强担心增加新功能会增加团队的压力。

3. 代码质量：张强强调代码质量的重要性，暗示增加新功能可能影响代码质量。

4. 技术可行性：张强提出需要评估新功能的技术可行性和实现难度。

5. 资源分配：张强提到重新评估优先级可能需要推迟一些任务。

情绪（Feeling）

1. 担忧：张强对增加新功能可能带来的压力和影响表示担忧。

2. 谨慎：张强对于改变现有计划持谨慎态度，担心影响项目进度和质量。

意图（Focus）

1. 维持现状：张强倾向于维持现有的开发计划，避免因增加新功能而打乱计划。

2. 质量优先：张强希望确保代码质量，即使这意味着不立即开发新功能。

3. 风险评估：张强主张对新功能进行深入的技术评估，以避免不必要的风险。

反馈建议

1. 沟通与协调：建议张强与李华进行更深入的沟通，了解市场调研的具体数据和用户反馈，以便更好地理解新功能的重要性。

2. 技术评估：建议张强组织一个初步的技术审查会议，以评估新功能的技术可行性和实现难度，同时考虑是否有更高效的开发方法。

3. 资源重新分配：建议团队考虑是否有可能通过调整资源分配或优化现有流程来实现新功能的集成，同时不影响其他任务的进度。

活着不是目的，好好活着才是。

4. 风险管理：建议张强制订一个风险管理计划，明确如果新功能在实施过程中出现问题，团队将如何应对。

5. 模块化设计：鼓励团队采用模块化设计，这不仅可以减少开发时间，还可以提升代码的可维护性和可扩展性。

AI 不仅能让我们的倾听更加高效，更教会了我们如何洞察对方话语背后的深层含义。通过 AI 的辅助，我们学会了在对话中捕捉关键信息，感受对方的情绪状态，并据此做出恰当的回应。

技术虽好，但真正的沟通需要我们用心实践。让我们借助 AI 的力量，不断提升自己的倾听技巧，让每一次的交流都更加真诚和深刻。

3.5 AI 更懂用事实说话，让你远离误会和冲突

职场就像个大家庭，我们每个工作日都在其中交流、合作。沟通时，我们是任由情绪主导，还是用事实来说话？情绪化的表达可能会让人痛快一时，但之后往往会带来混乱。而当我们用事实说话时，我们的话语就像指南针，能帮助我们清晰地指出问

　　　　忍耐是苦涩的，但它的果实却是甘甜的。

题，找到解决之道。

　　用事实说话，意味着我们在表达不满或提出建议时，会用实际的数据和例子来支撑我们的观点。这不仅避免了情绪的干扰，还有助于我们更客观地看待问题，促进对问题的沟通和解决。

　　比如，市场部的李雷和设计部的王芳一起完成了一个项目。李雷觉得王芳的设计没有达到预期，此时，他有两个选择。

　　如果李雷选择进行情绪化的表达，他可能会直接找到王芳，带着不满说："你的设计太让人失望了，根本没法用！"这种表达方式虽然让李雷的不满得到了宣泄，但王芳可能会感到受伤，甚至产生抵触情绪，这对解决问题并没有帮助，反而可能让两人的关系变得紧张。

　　但如果李雷选择用事实来说话，情况就会完全不同。他可以这样对王芳说："王芳，我们的市场调研数据显示，目标受众更喜欢明亮的颜色，但你的设计方案色调偏暗，这可能需要调整。"这种表达方式直接指出了问题，并且提供了具体的数据支持。王芳不仅能够明白问题出在哪里，还能感受到李雷是在寻求解决方案，而不是在责怪她。因此这种表达方式有助于保持两人的良好关系，并且推动问题的解决。

当我们希望以事实为基础进行沟通时，非暴力沟通提供了一套有效的方法，以下是一些非暴力沟通的关键技巧。

1. 区分观察与评判

学会识别并区分对事件的客观观察和个人评价。客观观察是描述事实，而个人评价则是对事实的主观看法。

传统表达：你总是拖延。

非暴力沟通：报告提交时间比截止时间晚了两天。

说明：专注于描述具体的行为和时间，而不是给对方贴标签。

2. 具体描述问题

描述问题时，提供具体的细节，避免使用模糊或笼统的语言，这有助于确保信息的清晰度和准确性。

内心的宁静是人生最美的境界。

传统表达：你的工作质量下降了。

非暴力沟通：在最近的报告中，我注意到了几个语法错误和不准确的数据。

说明：提供具体的例子，帮助对方明白问题所在。

3. 清晰表达感受

学会识别并表达自己的感受，并使用描述性语言来传达自己的感受，而不是隐藏或压抑它们。

传统表达：你让我失望了。

非暴力沟通：我感到失望，因为我期望我们能按时提交高质量的报告。

说明：用描述性语言表达个人感受，而不是责备对方。

4. 识别并表达需求

识别自己的感受背后的需求并表达出来，这有助于他人了解你的期望。

传统表达：你不理解我的压力。

非暴力沟通：我需要一个可靠的项目完成时间表，这样我可以合理安排我的工作。

说明：明确表达自己的需求，而不是指责对方不理解自己。

5. 提出具体请求

在表达感受和需求后，提出明确的请求，而不是命令或要求，这有助于对方了解如何采取行动来满足你的需求。

传统表达：你不应该错过任何截止日期。

非暴力沟通：你能否提供一个更新的项目时间表，以便我们都能按时完成任务？

　　说明：以询问的方式提出具体的请求，而不是命令或指责对方。

　　那么，我们如何运用 AI 来帮助自己调整语言，用事实说话呢？

首先，我们可以用 AI 来检查一下自己的话里是不是有太多情绪化的词。如果 AI 告诉我们"这句话听起来好像有点生气哦"，那我们就知道需要调整一下，让语气更平和、表达更客观。

其次，AI 能帮我们把话说得更明白。比如，AI 能看出我们的句子结构哪里不太对，然后提醒我们改一改，让我们的话更容易理解。

最后，如果我们要表达某个观点，AI 能为我们提供相应的事实和数据。这样，别人会觉得我们的话更有依据，更有说服力。

　　比如，在项目团队中，两位项目经理（小王和小李）需要讨论项目的进度问题。由于前期的一些延误，双方都有些紧张。小王想给小李发一封邮件，但他担心自己的邮件中有些情绪化的表达，于是他找来 AI 帮忙。

愤怒以愚蠢开始，以后悔告终。

提问：

我要发送一封关于项目进度落后问题的邮件，这封邮件里可能有一些情绪化的表达，请帮我识别并修改这些表达，让这封邮件基于事实和非暴力沟通法则进行表达。

原始邮件内容：

主题：关于项目进度严重落后的紧急通知

小李：

你好！我写这封邮件是想告诉你一个令人沮丧的消息。我们的项目进度已经远远落后于原定的计划，我对此感到非常失望。

我认为我们团队中有一些成员在对待这个项目时缺乏必要的责任感和紧迫感。比如，某些关键任务被一再推迟，导致整个项目计划被打乱。我完全不能理解这种不负责任的行为。

我们现在面临着巨大的压力，客户对我们的进展非常不满，而且公司高层也开始关注这个问题。我认为我们需要立即采取行动，找出问题的根源，并制定相应的解决方案。

我希望你能尽快与我联系，讨论如何解决这个问题。我相信我们团队有能力克服这个困难，但我们需要共同努力，而不是互相指责和推卸责任。

AI 回答：

根据非暴力沟通原则，以下是关于原始邮件内容的修改建议，以确保邮件基于事实和同情心进行表达：

主题：项目进度更新及协同解决方案探讨

小李：

你好！希望这封邮件能在你忙碌的工作中给你带来一些信息。

我想与你分享一些关于我们项目当前状态的观察。我注意到我们目前的项目进度已经落后于原定计划。这种情况在项目管理中并不少见，但它确实需要我们共同关注和解决。

我注意到，在项目执行过程中，有几个关键任务的完成时间晚于预期，这影响了整个项目进度。我想我们可以一起查看这些任务推迟完成的具体原因，并探讨如何更有效地管理未来的任务。

我理解这种情况可能给团队带来了压力，并且我了解到客户和公司高层都对项目进展表示关切。为了回应这种关切，我建议我们立即采取行动，共同审视项目状态，识别潜在的挑战，并制定一个可行的解决方案。

我非常希望听到你的看法，并与你一起讨论如何改善我们的项目执行情况。我相信，通过我们的共同努力和积极沟通，我们可以找到解决问题的方法，并确保项目回到正确的轨道上。

请你在方便的时候与我联系，我们可以安排一个会议来详细讨论这个问题。我期待我们的合作，并且相信我们可以一起克服这个挑战。

最好的祝愿！

[你的名字]

　　这个修改后的邮件避免了情绪化的表达，转而使用基于事实的描述，清晰地表达了对项目进度的关注，并提出了寻求解决方案的邀请。邮件采用了更为平和和建设性的语调，有助于促进团队成员之间的合作和沟通。

　　怎么样？AI 的修改是不是让邮件中的表达看起来更客观了？

在职场中，用事实说话是一种智慧，也是一种能力。它让我们的沟通更加高效，也让我们更容易获得同事的信任和尊重。总之，我们在工作时，要尽量用事实说话。这样不仅能让我们在工作时更顺心，还能让团队的氛围更和谐，我们的工作效率也就更高了。

3.6 AI 提供双赢方案，让沟通不再是"你输我赢"

在公司，不同部门之间经常需要打交道，互相帮忙。但问题是，每个部门都有自己的任务、想法和目标。因此，不同部门之间的沟通仿佛变成了一场拔河比赛，只有一方能赢。这样一来，不仅各部门手头的工作可能被耽误，大家心里也不痛快。长此以往，部门之间的信任就像掉在地上的玻璃，碎得满地都是，甚至可能让整个公司的气氛都变得紧张。

这时候，我们就非常需要运用双赢思维。

双赢思维，简单来说，就是想办法让大家都开心。它要求我们换个角度想问题，试着去理解对方的想法和需求，然后一起找出双方都能接受的方案。这样，问题解决了，大家都开心，双方的关系也更和谐了。

如何践行双赢思维呢?

第一步：理解对方的需求和约束。

第二步：探讨共同的目标和利益。

第三步：寻找创造性的解决方案。

下面，我将通过一个具体的案例来展示如何向 AI 提问，以及 AI 如何给出双赢方案。

某家电商公司面临一个重大的物流问题：随着业务量的迅速增长，现有的物流体系已经无法满足需求，导致订单延误和客户投诉频发。

市场部门希望引入更先进的物流管理系统，以提升物流效率；而财务部门则担心新系统的投资成本过高，会影响公司的利润。

面对这一问题，公司的管理层决定利用 AI 来辅助决策。

提问：

> 我们是一家电商公司，随着业务量的迅速增长，现有的物流体系已经无法满足需求，导致订单延误和客户投诉频发。市场部门希望引入更先进的物流管理系统，以提升物流效率；而财务部门则担心新系统的投资成本过高，会影响公司的利润。请帮我通过下面这 3 个步骤分析整理双赢方案。
> 第一步：理解对方的需求和约束。
> 第二步：探讨共同的目标和利益。
> 第三步：寻找创造性的解决方案。

爱所有人，信任少数人，不负任何人。

AI 回答：

第一步：理解对方的需求和约束

市场部门

需求：

- 提升物流效率，以满足快速增长的业务需求；
- 减少订单延误，提高客户满意度；
- 引入更先进的物流管理系统，实现物流流程的自动化和智能化。

约束：

- 需要在预算范围内引入新系统；
- 需要确保新系统能够快速部署并投入使用。

财务部门

需求：

- 控制投资成本，确保不影响公司利润；
- 需要对新系统的长期效益进行准确评估。

约束：

- 需要确保资金的有效利用；
- 需要满足公司整体的财务规划；

第二步：探讨共同的目标和利益

共同目标：

- 优化物流流程，提高客户满意度和订单处理效率；
- 确保公司利润不受影响，同时实现业务增长。

共同利益：

- 提升物流效率将直接转化为更高的销售额和客户满意度，进而增加公司利润；
- 控制投资成本将确保公司的财务稳健和可持续发展。

第三步：寻找创造性的解决方案

解决方案：

1. 分阶段实施

- 初期选择物流管理系统中的关键模块进行部署，以满足当前最迫切的需求。
- 随着业务的增长和资金的积累，逐步引入更多高级功能。

2. 成本效益分析

- 对新系统进行详细的成本效益分析，包括投资成本、预期节省的运营成本、增加的销售额等。
- 将分析结果作为决策依据，确保投资回报率满足公司要求。

3. 合作伙伴选择

- 选择具有行业经验和良好口碑的物流管理系统供应商。
- 寻求具有灵活定价和支付条款的供应商，以减轻公司的财务压力。

4. 内部资源整合

- 评估公司内部资源，如 IT 团队、仓库设施和员工培训等，以最大化利用现有资源。
- 如有必要，可以考虑外包部分非核心业务，以降低成本和提高效率。

5. 持续改进

- 在实施新系统后，定期收集市场部门、财务部门和其他相关部门的反馈。
- 根据反馈持续优化物流管理系统，以应对不断变化的业务需求和市场环境。

预期结果：

- 通过分阶段实施和成本效益分析，确保新物流管理系统在满

人生有三条道，上坡道、下坡道和"没想到"。

足市场需求的同时，不会对公司的财务状况造成过大压力。

- 通过持续改进和优化，实现物流效率的持续提升和公司业务的稳步增长。

怎么样？ AI 提供的双赢方案还不错吧？它能提供的方案比我们想象的还多。

展望未来，随着 AI 的不断成熟和应用的深入，我们有理由相信，它将在促进有效沟通和实现双赢中发挥更大的作用。AI 将帮助我们构建一个更加开放、包容和协作的沟通环境，让"你输我赢"的旧观念成为过去，让我们迎来一个全新的共赢时代。

04

AI 加持，
让你"秒变"商务沟通高手

谈判桌
不是战场
而是
共同的画布

赢在表达：AI 时代职场沟通指南

客户的需求
像冰山
80%
藏在"没问题"的
水下

赢在表达：AI 时代职场沟通指南

4.1 自媒体时代，AI 让获客素材源源不断

在自媒体时代，要想让自己的声音被更多人听见，让目标客户被我们吸引，我们就得精通自媒体账号的运营，不断推出新鲜、有趣的内容。

在这个信息比星星还多的时代，我们需要确保自己发出的每一条内容，不管是文字、图片还是视频，都能吸引许多人变成我们的忠实粉丝。但天天都有新点子，篇篇都是精品，确实是个让人头疼的事。

不过，别担心，AI 能极大地提升内容创作的速度和质量。但是，要想让 AI 发挥出最大能量，我们要先学会怎么用它。

首先，一个吸引人的标题能瞬间抓住人们的眼球。下面，我将分享几种标题类型及其创作方法。

1. 数字冲击型

摆出数字，清晰有力，例如："5 个简单步骤，让你的社交媒体账号粉丝量暴增"。

2. 痛点疑问型

直面读者的疑惑，引发共鸣，例如："为何你的在线课程销量难以增长？"

3. 热点借势型

紧跟时事热点，例如："在元宇宙热潮中，品牌如何抓住新

学会理性看待自己无法控制的事情。

机遇？"

4. 观点阐述型

明确表达你的立场，例如："混合工作模式：未来办公的新趋势"。

5. 冲突制造型

制造对立，激发好奇心，例如："纸质书 vs. 电子书：阅读的未来在哪里？"

6. 对比突出型

通过对比，突出差异，例如："传统健身房与在线健身，哪个更适合你？"

7. 对号入座型

直接呼唤目标群体，例如："自由职业者注意：如何避免职业倦怠的陷阱？"

当我们掌握了标题的创作方法，就能让 AI 帮我们创造出各种各样的标题，以吸引我们的目标客户。比如，假设我们卖的是高端智能手表，我们可以让 AI 生成不同类型的标题。

提问：

> 我们卖高端智能手表，请帮我创作自媒体文案标题以吸引消费者，标题创作要求如下。
> 1. 数字冲击型：直击要点，清晰有力。
> 2. 痛点疑问型：直面读者的疑惑，引发共鸣。
> 3. 热点借势型：紧跟时事热点。

不可以一时之得意，而自夸其能。

4. 观点阐述型：明确表达立场。

5. 冲突制造型：制造对立，激发好奇心。

6. 对比突出型：通过对比，突出差异。

7. 对号入座型：直接呼唤目标群体。

AI 回答：

当然可以，以下是针对高端智能手表的自媒体文案标题，每种类型都旨在吸引消费者的注意力。

1. 数字冲击型

 - "99.9% 的精准度！这款智能手表，你值得拥有"

 - "24 小时不间断，智能手表的续航奇迹"

2. 痛点疑问型

 - "你的手表还只用来看时间？高端智能手表的隐藏功能你了解吗？"

 - "为什么你的健康数据总是不准确？高端智能手表来解答"

3. 热点借势型

 - "跟随科技潮流，这款智能手表让你成为时尚先锋"

 - "当智能手表遇上 5G 时代，你的健康生活将如何改变？"

4. 观点阐述型

 - "智能手表不仅仅是时尚风向标，更是健康生活的守护者"

 - "高端智能手表：科技与奢华的完美结合"

5. 冲突制造型

 - "智能手表真的比传统手表更实用吗？专家这样说"

 - "高端智能手表与普通智能手表：一场性能与价格的较量"

世界则事异，事异则备变。

6. 对比突出型
- "高端智能手表和普通智能手表：性能大比拼"
- "同价位智能手表，为何这款更受青睐？"

7. 对号入座型
- "商务人士专属：这款智能手表专为你设计"
- "运动爱好者注意：这款智能手表将是你最佳的训练伙伴"

希望这些标题能够为你构思营销策略带来灵感！

除了标题，文案的创作也是自媒体内容的重要组成部分。下面为你介绍 3 种贴近大众、易引发共鸣的自媒体文案创作模板。

创作模板一：痛点＋原因＋解决方案

模板介绍：

找到读者的痛点，解释痛点产生的原因，然后告诉他们如何解决。这样直戳心窝的文案很容易让读者产生共鸣。

🌙告别失眠，拥抱甜梦！我的助眠小秘密

内容：☺失眠真的很难受，每晚躺在床上辗转反侧，迟迟不能入睡，第二天整个人都没精神。☹ 全国有非常多的人受到失眠的困扰，而我也是其中之一。失眠的原因有很多，比如压力大、作息不规律等。

💡我遇到了 ×× 智能助眠枕后，它帮我解决了失眠问题！根据官方数据，这款助眠枕在用户中获得了高达 90% 的好评率，其中有 85% 的用户表示他们的睡眠时间得到了显著增加。

✴ 为什么它这么好用？

那些没有打败你的，会使你变得更强。

像大自然一样舒适：这款助眠枕模拟了自然睡眠环境，让你就像躺在森林里一样放松。根据测试，使用这款助眠枕后，用户的入睡时间平均缩短了 30 分钟。

智能调节：这款助眠枕会根据个人的睡眠习惯和偏好，自动调整枕头的软硬度、温度等，让你找到最适合自己的睡眠模式。数据显示，80% 的用户表示使用这款助眠枕后，他们的睡眠质量得到了显著提高。

✸ 它的优点

快速助眠：用了这款助眠枕，你很快就能入睡，而且会睡得很香。根据调查，这款助眠枕的助眠效果在用户中获得了极高的满意度。

舒适耐用：采用高品质材料制成，柔软舒适，同时具有良好的耐用性。根据用户反馈，这款助眠枕的使用寿命长达数年之久。

安全可靠：经过严格的质量检测和认证，这款助眠枕安全可靠，无任何副作用和安全隐患。你可以放心使用，享受它带来的美好睡眠。

💔 如果你也被失眠困扰，真心推荐你试试 × × 智能助眠枕！它绝对会带给你意想不到的惊喜

创作模板二：故事 + 经验总结

模板介绍：

讲述一个真实的故事，分享你的经验和感受。让读者在故事中看到自己的影子，感受到你的真诚。

❋ 去年，我下定决心要开始健身，但作为一个"健身小白"，我完全不知道从哪里开始。我买过健身器材，下载过健身App，甚至还报过健身房的会员，但每次都是三分钟热度，坚持不了几天就放弃了。那段时间，我特别沮丧，感觉自己很难成为一个自律的运动达人。直到有一天，我在朋友的推荐下，入手了一款智能运动手环。我原本只是想试试看，没想到它彻底改变了我对健身的态度。

这款运动手环功能特别强大，它不仅能记录我的运动步数、消耗的卡路里，还能监测我的心率和睡眠质量。最让我惊喜的是，它有一个"运动打卡"功能，每天设定一个小目标，比如走8000 步或者运动 30 分钟，完成任务后就会有成就感满满的提示。

刚开始使用的时候，我给自己定的目标很简单，每天走 6000步。手环的提醒让我时刻关注自己的运动进度，不知不觉中，我发现自己每天都在努力完成目标。慢慢地，我开始享受这种被目标驱动的感觉，甚至主动增加运动量，从走路变成了慢跑，从偶尔运动变成了每天坚持。

用了这款运动手环大概 3 周后，我发现自己不仅瘦了几斤，而且对运动的态度完全变了。我从一个"健身小白"变成了一个真正的"运动达人"，每天不运动就感觉少了点什么。现在，运动已经成了我生活中不可或缺的一部分。

通过这次经历，我明白了，有时候我们需要的不是复杂的健身计划，而是一个简单而实用的小工具来帮助我们养成习惯。如果你也像我一样，一直想开始健身却总是坚持不下去，不妨试试

愿你纵踩淤泥，也要心向光明。

这款智能运动手环。它或许不能直接让你变成健身达人，但一定能帮你迈出第一步，让你真正爱上运动！💔

创作模板三：场景需求＋产品＋注意事项＋贴心关怀

模板介绍：

描述一个具体的场景，告诉读者在这个场景下他们需要什么产品，并提供一些实用的注意事项，让读者感受到你的关怀和贴心。

🌙深夜阅读伴侣！这款电子书阅读器陪你度过每个静谧的夜晚📚。

晚上入睡前是不是想看书，但又怕手机或台灯的光线太刺眼，影响睡眠？今天，我给大家介绍一个超棒的阅读小助手——××品牌电子书阅读器。

👀光线柔和：这款电子书阅读器发出的光线非常柔和，在晚上阅读也不刺眼。

📚书籍多多：内置很多书籍，小说、历史、传记、科幻，什么类型都有，随便选！

📱自动调光：它还会根据房间的亮度自动调节屏幕亮度，保护你的眼睛。

🔋电量持久：充一次电能用 90 天，不用频繁充电，省心！

注意事项：

别一直看：虽然看书很好，但也要记得保护眼睛，每隔一段时间就看看远处，放松一下。

保持距离：看书的时候，眼睛别离屏幕太近，不然眼睛会累。

充电要安全：记得用原装的充电器，安全第一！

贴心关怀：晚上想看书的时候，就用 ×× 品牌电子书阅读器吧！它会像一盏温馨的小灯，陪你度过每一个安静的夜晚。希望你的每个夜晚都能因阅读而美好！🌙📖

学习了不同的文案创作模板，我们就可以用 AI 创作不同类型的文案，让获客素材源源不断。

假设我们的产品是无线蓝牙耳机，我们只需要告诉 AI 要生成的文案类型，并要求 AI 运用某种表达结构，AI 就可以快速生成一条符合需求的获客素材。

提问：

> 我们的产品是无线蓝牙耳机，请帮我创作一份小红书文案，要求结构为"场景需求 + 产品 + 注意事项 + 贴心关怀"，语言要通俗易懂。

AI 回答：

> 🎧沉浸式享受音乐，无拘无束！这款无线蓝牙耳机让你畅游音乐世界🎵
> 场景需求：
> 在忙碌的工作日里，你是否渴望逃离喧嚣，沉浸在美妙的音乐世界中？或者，在健身房挥洒汗水时，你是否想要用音乐激发

自己的动力？××品牌无线蓝牙耳机就是你的最佳音乐伴侣！

产品介绍：

无线自由：摆脱线材束缚，随时随地畅享音乐。

音质出众：采用高清音频技术，带给你震撼的听觉体验，让你仿佛置身于音乐现场。

舒适佩戴：人体工学设计，轻盈舒适，长时间佩戴也不会感到不适。

长久续航：一次充电可用数小时，让你的音乐之旅更加持久。

注意事项：

初次配对：请按照说明书的指引进行蓝牙配对，确保设备与耳机成功连接。

音量控制：为了保护听力，请避免长时间使用过大音量。

防水防尘：虽然这款耳机具有一定的防水防尘功能，但请尽量避免在极端环境下使用。

定期清洁：使用软布轻轻擦拭耳机表面，保持清洁，延长使用寿命。

贴心关怀：

让××品牌无线蓝牙耳机成为你的音乐伴侣，带给你美妙的音乐体验！🎧♪

在自媒体时代，每个人都能成为自己故事的主角。但要想在这个人声鼎沸的舞台上让人听见自己的声音，可不是件容易的事。好在，我们有 AI 这个智能伙伴。

AI 能写出让人心动的标题，编出让人忍不住点赞的文案。不管是让人眼前一亮的数字，还是直击人心的疑问，或是紧跟潮流的热点，AI 都能信手拈来。

前面介绍了怎么用 AI 来创作自媒体内容，现在，是时候把这些技巧运用起来了。拥抱 AI，让它成为你自媒体路上的伙伴，帮你把创意变成一篇篇精彩的文章、一段段吸引人的视频，让你创作的内容在信息海洋里破浪前行，让更多人看到，被更多人喜欢。

4.2 问得好，卖得好！ AI 提问深挖客户需求

在销售过程中，懂得怎么问问题比单纯介绍产品重要。想象一下，你站在客户面前，口若悬河地介绍产品，客户却没有任何反应，仿佛有一堵看不见的墙，把你和客户隔开了。

很多销售人员就都遇到过这样的难题——他们不知道怎么打破僵局，怎么让客户开口说出自己真正想要什么。这时候，会问问题就特别关键。

通过问问题，你能更深入地了解客户的需求，然后给他们提供最合适的方案。比如，你巧妙地抛出一个问题，客户的话匣子就打开了，他们开始聊自己的需求和遇到的问题。这时候，你不仅能控制聊天的节奏，还能第一时间了解客户真正关心的内容，

为成交做好准备。

所以，做销售得学会问问题。这不仅能帮你在销售时更得心应手，还能让你更懂客户，给他们提供更贴心的服务，赢得他们的信任。别再让那种自说自话的方式拖你后腿了，学习怎么问问题，让销售变得简单又高效吧！

销售沟通分为4个关键阶段：初步接触阶段、需求挖掘阶段、产品推荐阶段和成交与后续服务阶段。在每个阶段中，提问都是使对话深入、增进理解的重要工具。

1. 初步接触阶段

在这一阶段，我们要以轻松友好的方式与客户建立初步的联系。比如，我们可以问"您最近工作如何？有没有遇到什么新鲜事？"或者"您对我们公司或产品有了解吗？"这样的问题，迅速拉近与客户的距离，为后续的交流打下良好的基础。

2. 需求挖掘阶段

当与客户建立了初步的联系后，我们需要深入挖掘他们的真实需求。此时，我们可以问"您目前面临的最大挑战是什么？有没有哪些方面是特别需要改进的？"或者"您对于理想的产品或服务有什么具体的期望？"这样的问题，让我们更准确地把握客户的痛点，为后续的产品推荐提供有力的依据。

3. 产品推荐阶段

在了解了客户的需求后，我们需要根据他们的实际情况，为他们推荐最合适的产品或解决方案。此时，我们可以问"针对您提到的这些问题，我们有一款产品或许能够满足您的需求，您是

人而无信，不知其可也。

否愿意了解一下？"或者"您对我们这个方案有什么看法或建议吗？"这样的问题，让客户感受到我们的专业与用心，同时也能够让他们参与到产品选择的过程中来，从而提高他们的满意度。

4. 成交与后续服务阶段

在客户对我们的产品或方案表示出浓厚的兴趣时，我们需要及时引导他们做出决定。此时，我们可以问"如果您觉得我们的产品符合您的需求，我们是否可以进一步讨论合作细节？"或者"在决定之前，您是否还有疑问或顾虑？"这样的问题，帮助我们确认客户的购买意向，同时也能够为他们提供及时的帮助与支持，确保交易的顺利进行。此外，在成交后，我们还需要关注后续服务，确保客户满意，以便建立良好的长期交易关系。

总之，在销售沟通中，每个阶段的提问都是至关重要的。通过巧妙的提问，我们能够更好地了解客户的需求，为他们提供更精准的产品，同时也能够建立起与客户之间的信任关系。AI 在提问方面可以帮上大忙，如生成提问清单，提供实时的提问建议，并根据客户的回答调整提问策略。

举个例子，随着智能家居的普及，越来越多的家庭开始关注家居安全问题。某智能家居公司推出了一款集监控、报警、智能控制于一体的智能家居安全系统。为了迅速打开市场并提升销售额，公司决定引入 AI 来辅助销售人员制定不同阶段的提问清单。

提问：

> 我们是一家智能家居公司，推出了一款集监控、报警、智能控制于一体的智能家居安全系统。请帮我们的销售人员制定初步接触阶段、需求挖掘阶段、产品推荐阶段和成交与后续服务阶段的提问清单，帮助我们深入了解客户的真实需求，提升销售额。

AI 回答：

> 为了帮助您的智能家居公司更好地了解客户需求并提升销售额，以下是根据销售流程的 4 个阶段整理的提问清单。
>
> 初步接触阶段
>
> 目的：建立信任，了解客户需求及背景。
>
> 1. 问候与自我介绍
>
> ○ 您好，我是 ×× 智能家居公司的销售代表，很高兴能与您交流。
>
> 2. 了解家庭情况
>
> ○ 您目前居住的是哪种类型的住宅（公寓、别墅等）？
>
> ○ 您家中是否有老人、小孩或宠物需要特殊关照？
>
> 3. 当前安全系统状况
>
> ○ 目前您家中是否安装了其他安全系统（如监控摄像头、报警器等）？
>
> ○ 您对目前的安全系统满意吗？有哪些方面您觉得可以改进？
>
> 4. 智能家居接受度
>
> ○ 您对智能家居有什么看法？是否有使用智能家居产品的经验？

理解一切，便会宽恕一切。

需求挖掘阶段

目的：深入挖掘客户的具体需求与痛点。

1. 安全关注点

○ 您最关心家中哪些区域的安全问题（如客厅、卧室、车库等）？

○ 您是否担心过家中无人时的安全问题（如盗窃、火灾等）？

2. 功能需求

○ 您希望智能家居安全系统具备哪些功能（如实时监控、远程报警、智能控制等）？

○ 您是否希望系统能与其他智能家居设备（如灯、空调等）联动？

3. 预算与期望

○ 您对智能家居安全系统的预算大概是多少？

○ 您期望这套系统为您带来哪些方面的便利或多大的安全性提升？

产品推荐阶段

目的：根据客户需求推荐合适的产品或解决方案。

1. 产品介绍

○ 我们的智能家居安全系统集成了监控、报警、智能控制等多项功能，您觉得哪些功能特别吸引您？

○ 我们的智能家居安全系统支持与多种智能家居设备联动，您家中是否有其他智能家居设备可以与我们的系统配合使用？

2. 定制方案

○ 根据您的需求和家庭情况，我们可以为您定制一套专属的智能家居安全方案，您是否感兴趣？

○ 我们的智能家居安全系统支持多种安装方式，您更倾向于哪种方式（如自行安装、专业安装等）？

3. 价值呈现

○ 相比其他同类产品，您认为我们的系统有哪些独特优势或卖点。

○ 您认为这些优势如何帮助您解决当前的痛点或满足您的需求。

成交与后续服务阶段

目的：促成交易，确保客户满意并建立良好的售后服务体系。

1. 促成交易

○ 您是否愿意进一步了解我们的产品并考虑购买？

○ 我们现在有一些优惠活动，您是否愿意抓住这个机会？

2. 售后服务

○ 我们的产品提供哪些售后服务（如保修期、技术支持等）。

○ 如果您在使用过程中遇到任何问题或需要帮助，您可以通过哪些渠道联系我们。

3. 客户反馈

○ 您对我们的产品或服务有什么建议或意见？

○ 您是否愿意将我们的产品推荐给您的朋友或家人？

通过这一节，我们认识到提问不仅仅是问问题那么简单，它是一门艺术、一种技巧。恰当提问能够拉近我们和客户的距离，让客户感到被重视。而用 AI 来辅助提问，可以让这个过程更加流畅，让客户体验更好。

记住，销售不是一锤子买卖，我们的目标是和客户建立长久的关系。所以，用好提问这个工具，让客户感受到我们的专业和

身处低谷，怎么走都是在向上走。

用心，这样他们才会更愿意选择我们的产品，和我们成为长期的合作伙伴。

最后，别忘了，提问只是开始，真正重要的是通过提问来了解客户，然后用我们的产品和服务来满足他们的需求。这样，我们才能真正做到"问得好，卖得好"。

4.3 客户问题无须愁，AI 智囊团随时待命

在销售领域，客户的问题总是突如其来且五花八门。比如，"你们的产品真的能解决我的问题吗？""为什么你们的价格比别家高？""这个技术听起来太复杂了，有没有简单点的解释？"

面对这些问题，你可能会怀疑自己："我是不是不够专业？""我应该怎么回答这个问题？""客户会不会觉得我是个骗子？"别急，有了 AI，这些问题都能轻松解决。

当你面对客户提出的尖锐问题时，AI 就像你的私人教练，能给你支招，帮你用最通俗易懂的话回答客户。比如，"这款产品虽然价格稍高，但质量绝对过硬，使用寿命长，长远看买它很划算。""我们的产品在安全性和用户体验上都有独特的优势，是竞争对手无法比拟的。""这个技术，就好比给你的手机装了个

智能大脑，让它能听懂你的话，帮你做事。"

线上销售沟通的情况越来越多，AI 能让销售新手像销售老手一样，轻松应对客户提出的各种问题，赢得客户的信任。以下是 AI 能为我们在应对客户提问时提供的几种关键帮助。

1. 高情商回答

客户有时会提出尖锐的问题或表达不满，这时候，AI 能帮你用高情商的方式回应。比如，客户说："我觉得你们的交货速度太慢了，影响了我的生意。"这时，AI 可能会建议你这样回答："我真心理解您的担忧，交货速度慢确实可能给您带来了不便。我们非常重视您的需求，我这就和物流部门沟通，看看能不能加快进度。同时，我会亲自跟进您的订单，确保您尽快收到货物。"

2. 专业知识随时补充

遇到不懂的问题也不用担心，AI 随时待命。当客户抛出技术性难题时，你可以快速从 AI 那里获得答案，然后用通俗易懂的语言给客户讲清楚。

3. 简化专业术语

觉得专业术语太复杂？AI 可以将它们转换成日常用语。比如，对于"云计算"，AI 可能会这样解释："它就像个巨大的在线图书馆，你随时都能借书看。"

4. 轻松应对客户异议

客户异议是销售中的常见挑战。例如，一位客户考虑购买新的办公软件，但对价格提出异议："你们的产品价格比市场上的同类产品高很多。"AI迅速分析客户的需求和产品的价值后，可能会建议销售人员这样回应："我完全理解您对价格的关注。我们的产品确实在价格上比竞争对手高一些，但这里有几个原因。首先，我们的产品提供更高级的功能和定制选项，这可以让您的工作更加高效，从长期来看，这些节省的时间和提高的效率会转化为更大的成本效益。其次，我们提供全天候的客户支持和定期的软件更新，确保您始终使用最新最好的技术。这些额外的价值和服务构成了我们价格的一部分，我们相信它们能为您带来更大的价值。"

通过这样的回答，销售人员不仅解释了价格存在差异的原因，还强调了产品的长期价值和公司提供的额外服务，帮助客户从更全面的角度进行购买决策。

总之，AI就是你的智能助手，能帮你用更高效的方式回答客户的问题，让你在销售中游刃有余。

小李，一个刚入行的在线销售代表，负责推销一款智能健身追踪器。它能监测用户的心跳、睡眠质量，还能指导用户锻炼。刚开始，小李面对客户的问题总是手忙脚乱，但有了AI的帮助，他变得越来越能干。

有一天，客户在网上问："我之前买的健身追踪器没用多久就坏了，你们的怎么样？"小李赶紧向AI求助。

提问：

> 我是一名销售，负责推销一款智能健身追踪器。该产品能监测用户的心跳、睡眠质量，还能指导用户锻炼。现在客户问我："我之前买的健身追踪器没用多久就坏了，你们的怎么样？"请问我该如何高情商地回复客户，语言要通俗易懂。

AI 回答：

> 面对客户这样的疑问，你可以用以下方式回答：
>
> "我完全理解您的担忧，购买健身追踪器确实是一项投资，我们都希望它能持久耐用。我们的产品在设计和制造过程中非常注重质量和耐用性。我们的智能健身追踪器采用了先进的材料和精密的工艺制作，能够经受住日常使用中的各种考验。此外，我们还有严格的质量控制流程，每一件产品在出厂前都会经过严格的测试，以确保它能够长时间稳定运行。
>
> "而且，我们提供全面的售后服务，您在使用产品的过程中遇到任何问题，我们的客服团队随时准备帮助您解决。我们的目标是让您放心使用，享受健康生活的同时，也能享受到我们产品的可靠性和便利性。如果您愿意，我可以向您展示一些我们产品的耐用性测试视频，或者提供一些用户的使用反馈，这样您可以更直观地了解我们产品的性能和质量。"
>
> 这样的回答既展现了同理心，也提供了具体的解决方案和额外的信息支持，有助于建立客户的信任。

半山腰太挤，你得去山顶看看。

　　小李按照 AI 的回答回复了客户，这让客户感到被理解和尊重，为建立良好的客户关系打下了基础。

　　又有一次，客户好奇地问："这个追踪器使用的生物电阻抗技术是什么？"小李再次请教 AI。

　　提问：

> 我是一名销售，负责推销一款智能健身追踪器。我们的产品能监测用户的心跳、睡眠质量，还能指导用户锻炼。现在客户问我："追踪器使用的生物电阻抗技术是什么意思？"请问我如何用最简单的语言给客户解释？最好用比喻，以便让客户快速明白。

　　AI 回答：

> 当然，使用比喻可以帮助客户更直观地理解生物电阻抗技术。你可以尝试这样解释：
>
> "如果我们把您的身体比作一条河流，那么生物电阻抗技术就像是测量河水流动速度的工具。在这条河流中，肌肉和水分就像是宽阔的河段，电流可以顺畅地流过；而脂肪则像是狭窄的河段，电流在其中流动起来就会比较困难。我们的智能健身追踪器就像一个小船，它在您身体（河流）中航行。当它遇到肌肉和水分（宽阔的河段），它会快速通过；遇到脂肪（狭窄的河段），它就会慢下来。通过测量小船的航行速度，我们就能了解河流的宽度（也就是您身体的肌肉和脂肪分布情况）。所以，这项技术就是通过测量电流在您身体中

> 的流动情况来估算您的身体成分，帮助您更好地了解和改善健康状况。"
>
> 通过这样的比喻，客户可以快速理解生物电阻抗技术是如何帮助他们监测身体状况的。

　　小李按照 AI 的回答进行解释，客户立刻就懂了。这种简单明了的解释让客户对产品的复杂功能有了直观的理解，提高了沟通效率。

　　在一次关键的销售对话中，客户对价格提出了异议："我觉得这个追踪器有点贵。"小李又向 AI 寻求帮助。

提问：

> 我是一名销售，负责推销一款智能健身追踪器。我们的产品能监测用户的心跳、睡眠质量，还能指导用户锻炼。现在客户对价格提出了异议："我觉得这个追踪器有点贵。" 我该如何处理这个异议，并说服客户购买我们的产品呢？

AI 回答：

> 面对客户对价格的异议，你可以采取以下策略来处理。
>
> 1. 认同感受："我完全理解您对价格的考虑，毕竟我们都希望物有所值。"

世间好物不坚牢，彩云易散琉璃脆。

2. 强调价值："我们的产品虽然在初始投资上可能看起来稍贵一些，但它提供的功能和服务能够为您带来长期的益处。比如，它能监测您的心跳和睡眠质量，这些数据对于您了解自己的健康状况非常有帮助。而且，它还能根据这些数据指导您进行更有效的锻炼，帮助您达到健康目标。"

3. 展示长期效益："投资健康总是值得的。我们的追踪器不仅能帮助您现在就开始改善生活习惯，从长期来看，它还能帮助您节省医疗费用，因为预防总是比治疗更经济。"

4. 提供比较："您可以将我们的产品与其他同类产品进行比较，我们不仅在功能上更为全面，而且在耐用性和准确性上也有很高的评价。"

5. 强调售后服务："此外，我们提供卓越的客户服务和售后支持，确保您在使用过程中的任何问题都能得到及时解决。"

6. 提供试用或演示："如果您愿意，我可以为您演示我们产品的具体功能，让您亲身体验它带来的便利和效果。"

7. 灵活谈判："我们也理解预算的重要性，如果您现在决定购买，我们可以提供一些特别优惠或礼品，以表达我们对您的支持的感激。"

8. 强调投资回报："考虑到这款追踪器能为您带来的健康改善和生活质量的提升，购买它实际上是您对自己健康的一种投资，这种投资的回报是无法用金钱衡量的。"

通过上述方法，你可以有效地处理客户的异议，同时展示你们产品的价值和优势，提升客户购买的可能性。

在 AI 的帮助下，小李不仅处理了客户的异议，还突出了产品的价值，有效提高了成交率。

随着时间的推移，小李在 AI 的辅助下，从一个对销售感到迷茫的新手，成长为一个能够自信、专业地与客户沟通的销售能手。他学会了如何用高情商的方式回答客户问题，如何用通俗易懂的语言解释复杂概念，以及如何有效地处理客户异议。

小李的故事证明了一点：有了 AI，销售可以变得更简单、更高效。不管你是新手还是老手，AI 都能帮你在面对客户提问时给出令人满意的答案，为成交奠定基础。

技术在进步，AI 也在不断升级。让我们一起用 AI 让销售变得更轻松，让客户更满意，让业绩更上一层楼！

4.4 把产品介绍交给 AI，让成交势不可当

小李在商场里的家电柜台工作，柜台前人来人往，但他知道要让顾客对智能吸尘器动心可不容易。这款吸尘器吸力强劲，外观时尚，却好像没能打动顾客的心。每次有顾客对吸尘器多看两眼，小李就觉得机会来了，但也感到压力很大。

某个周末，商场里人头攒动。一位年轻妈妈看上去对吸尘器

挺感兴趣，她问小李："这吸尘器有什么特别的？"小李紧张地说："它吸力特强，能把地毯上的脏东西都吸干净。"这位妈妈听后皱了皱眉，显然不满意，摇摇头走了。

还有一次，一位退休老人对吸尘器的噪声问题很感兴趣。小李就告诉他："这款吸尘器用了主动降噪技术，发出的声音很小。"但他的介绍太技术化，老人听了一会儿，觉得没意思，就走开了。

这些经历让小李挺受打击的。他开始想，自己不仅要了解吸尘器的特点，更要让顾客觉得这些特点对他们有好处。小李想要改变，想让介绍吸尘器的方式变得更能打动人。

要想把产品介绍好，我们要先学一下关于产品介绍的经典模型——FABE 模型

FABE 模型是经过市场验证的模型，它能帮销售人员、产品经理或者任何想要推销产品的人有效地介绍产品，从而实现产品销售。下面我们了解一下 FABE 模型的 4 个要点。

（1）Feature（特性）

在这部分，你要把产品最好的方面说清楚，要确保你的描述既专业又易于理解，以便客户能够快速掌握产品的基本信息。为了更有效地吸引客户，你需要针对不同的目标客群提炼出 2~3 个高频痛点，并举例说明产品如何解决这些痛点。

（2）Advantage（优势）

在这一部分，你要把产品比别的强在哪里讲清楚。你需要将自身产品与市场上的竞品进行比较，突出自身产品的独特之处，

重点是给客户一个无法拒绝的选择你的产品的理由。特别要关注竞品的不足，并说明你的产品是如何针对这些不足进行完善和创新的。

（3）Benefit（好处）

在这部分，你要说明产品的优势如何为客户带来实际的好处，即将产品特性和优势与客户的需求和期望联系起来，展示产品如何解决他们的问题或满足他们的需求。

（4）Evidence（证据）

在这部分，你要拿出真凭实据来支持前面提到的产品特性、优势以及带给客户的好处。这些证据能够增强你的说服力，使客户更加信任你的产品。

通过 FABE 模型，你能把产品的特性、优势，以及带给客户的好处一条一条讲清楚，并提供充分的证据。这样，客户买得放心，你也卖得开心。记得，介绍产品时，始终要围绕客户的需求进行，把产品的独特优势讲出来，让产品在众多竞品中脱颖而出。

小李觉得自己也可以用 FABE 模型来介绍智能吸尘器，可是他想了很久都没有整理出一份有效的产品介绍，于是，他决定求助 AI。

比如，小李可以这样问 AI：

> 我们在销售新款智能吸尘器，这款吸尘器的主要特点如下。
> 1. 具有超强吸力，可以轻松吸除地毯和硬质地板上的灰尘和污垢。
> 2. 采用静音技术，即使在强力模式下也能保持低噪声水平。

一分耕耘一分收获。

3. 配备智能导航系统，可以自动规划清洁路线，避免重复清洁或遗漏区域。

4. 使用长效电池设计，单次充电可进行长达 60 分钟的清洁。

请用 FABE 模型整理出一份吸引人的产品介绍。

AI 回答：

针对家长群体，我们可以使用 FABE 模型整理出这样一份产品介绍。

1.Feature（特性）

– 我们的智能吸尘器具备超强吸力，能够深入地毯纤维，吸除顽固的灰尘和污垢，包括孩子们不小心洒落的零食碎屑和宠物毛发，尤其适合忙碌的家长，他们需要一个能够快速清理家庭混乱的高效工具。

– 设备采用先进的静音技术，即便在强力模式下也能保持低噪声水平，这样即使在孩子睡觉或学习时，也能进行清洁工作。

– 智能导航系统能够自动规划清洁路线，确保家中每个角落都被清洁到，避免重复清洁浪费时间，让家长可以有更多的时间做其他事。

– 长效电池设计，单次充电后可进行长达 60 分钟的清洁，这意味着即使家中面积较大，也能一次性完成清洁工作，无须担心电量问题。

2.Advantage（优势）

– 与市场上其他吸尘器相比，我们的产品不仅吸力强劲，而且运行时更加安静，这对于需要在孩子睡觉或学习时进行清洁的家长来说，是一个巨大的优势。

– 智能导航系统降低了家长在清洁时的劳动强度，让他们可以更轻松地完成家务，拥有更多的个人时间。

– 长效电池设计意味着家长可以在不受电量限制的情况下，更自由地安排清洁计划。

3.Benefit（好处）

– 使用我们的智能吸尘器，家长们可以打造更加干净、安静的家庭环境，同时还能节省出更多的时间来照顾孩子或进行其他活动。

– 智能导航系统和长效电池设计，让家庭清洁变得更加简单和无忧，帮助家长们更高效地管理家庭。

4.Evidence（证据）

– 我们收集了许多家长客户的正面评价，他们特别赞扬了吸尘器的超强吸力和静音功能，以及智能导航系统带来的便利和长效电池设计的实用性。

– 此外，我们还展示了来自权威消费者杂志的评测报告，证明了我们的产品在性能和用户满意度方面均优于市场上的其他同类产品。

通过这样的产品介绍，我们不仅向家长群体清晰地展示了吸尘器的特性和优势，还展示了这些优势如何转化为他们的实际好处，并通过客户评价和权威评测提供了有力的证据支持。

　　随着时间的推移，小李开始借助 AI 为不同客户定制专属于他们的产品介绍，这使得他的销售业绩直线上升，智能吸尘器的销量也不断刷新纪录。小李发现，AI 不仅是个工具，更是他的得力助手，能够帮助他更好地满足不同客户的需求。

　　　　　黑夜无论怎样悠长，白昼总会到来。

小李的这种改变让整个销售团队都受到了启发。大家开始使用 AI 来生成产品介绍，并根据客户的特性快速调整销售策略。这样的改变不仅让团队的业绩有了很大提升，也让客户更加满意。

现在，小李和他的团队在行业中很出名。他们的故事鼓励了更多的人去尝试 AI 和探索 AI 的潜力。在这个快速发展的时代，AI 不再是遥不可及的概念，而是我们提升工作效率、优化客户体验的好帮手。

所以，销售人员不要害怕尝试新工具，要学会利用 AI 来增强自己的能力。AI 不会取代我们的工作，而会帮助我们更好地发挥自己的潜力，让我们能够专注于更有创造性和战略性的任务。让我们一起迎接这个 AI 辅助销售的新时代，让成交势不可挡！

4.5 门罗五步法搭配，AI 让你的说服力飙升

在职场中，每次提案都像是一场紧张的对决，每一页幻灯片、每一句话都可能是你赢得胜利的关键。但你在准备这些对决时，会不会感到不知所措：我到底该怎么说才能让客户对我的提案连连点头呢？你的产品或服务可能非常棒，但要怎样才能讲出

一个让客户信服的故事呢？你可能会担心自己的逻辑不够严密，没法让客户跟着你的思路走并最终接受你的观点。

这些其实都指向了一个核心问题——你可能缺少一个清晰的框架来组织你的提案。没有一个好框架，你的好点子就像一艘没有指南针的船，不知道往哪个方向开。你需要一个合理的框架来确保你的提案逻辑清晰、环环相扣。

而且，你可能会发现，你的提案内容丰富，但没有真正触及客户的心，因为你不了解客户真正需要什么。

还有，你的提案是不是太普通了，没有显示出特色？现在很多人都追求个性化，如果你的提案听起来和其他人的没什么两样，客户怎么会选择你的提案呢？

但别担心，意识到这些问题后，我们就可以开始想办法解决它们。我们要构建一个清晰、个性化的提案结构。

现在，我将向你介绍一套行之有效的方法——门罗五步法，如下图所示。它能帮你清晰地表达你的想法，深入了解并满足客户的需求，让你的提案在众多提案中脱颖而出，吸引客户的眼球。

你是风啊，别怕大山，翻过它就是了。

门罗五步法

——阿兰·门罗

1. 引起注意

2. 说明需求

3. 满足需求

4. 描述愿景

5. 呼吁行动

1. 引起注意

在职场上，大家的注意力十分宝贵。你的开场白得像一颗重磅炸弹，瞬间"引爆"全场。这可以通过一个让人眼前一亮的数据、一个让人好奇的问题，或者一个跟客户利益密切相关的故事来实现。

比如，你在推销一款 CRM 软件时可以这样开场："你有没有想过，你的团队可能每天都在不知不觉中丢失潜在的百万大单？"

2. 说明需求

这里的需求是指客户的需求，而不是自己的需求。当我们向客户展示提案时，关键在于让他们真切地感受到我们的产品是他们迫切需要的解决方案。因此，我们要深入到他们的业务中，找到那些让他们头疼的问题，并用真实的数据来支撑我们的观点。

仍然以推销 CRM 软件来举例。我们可以这样告诉客户："根据我们的分析，您的销售团队在管理客户信息时，可能因为信息分散而错失了近 20% 的潜在销售机会。我们的 CRM 软件就是为了解决这个问题而设计的。它能够让您的团队成员实时共享和访问最新的客户信息，提高工作效率，确保每一次客户接触都更加高效和有成效。通过使用我们的软件，其他企业已经成功节约了 30% 的客户信息查找时间，同时提高了 15% 的销售转化率。"

通过这种深入且具体的描述，结合实际的数据支持，我们不仅展示了对客户业务痛点的理解，还清晰地指出了我们的解决方案如何能够帮助他们提高效率，减少损失。这样，客户就能清楚地看到，他们真正需要的，正是我们所提供的产品或服务。

3. 满足需求

在提案的"满足需求"阶段，我们的任务是清晰地展示我们的产品或服务如何成为解决客户痛点的灵丹妙药。这一步，我们要让客户明白，我们提供的不仅仅是一个产品，而且是一个全面的解决方案，能够针对他们的具体问题提供定制化的帮助。

以 CRM 软件为例，我们不只是告诉客户"我们有一款 CRM 软件"，而且要深入地解释"这款 CRM 软件通过智能分析客户数据，能够预测市场趋势，帮助您的企业在竞争激烈的市场中抓住每一个销售机会"。我们要展示的是，我们的软件如何通过以下几个方面来满足客户的需求。

（1）数据整合：我们的 CRM 软件能够整合分散在不同平台和文档中的客户信息，让销售团队在一个地方就能访问到所有需要的数据。

（2）自动化工作流程：软件内置的自动化工具可以简化日常任务，比如自动发送跟进邮件或提醒销售团队即将到来的重要日期，从而让团队成员有更多时间专注于销售和客户关系建立。

（3）客户洞察：通过分析客户互动和购买历史，CRM 软件能够提供深入的客户洞察，帮助企业理解客户需求和偏好，从而制定更加个性化的营销策略。

（4）销售机会管理：CRM 软件可以帮助企业识别和优先处理高潜力的销售机会，确保销售团队能够将精力集中在最有可能带来收益的潜在客户上。

（5）报告和分析：这款 CRM 软件强大的报告功能可以帮助管理层实时监控销售绩效和市场趋势，及时调整策略以应对市场变化。

通过这样的详细说明，我们不仅展示了这款 CRM 软件的功能特点，还展示了这些功能如何具体地解决客户的问题，提高他们的工作效率和销售业绩。这种具有针对性的解决方案能够直击客户的痛点，让他们看到这款 CRM 软件的真正价值。

4. 描述愿景

在这一阶段，我们得让客户想象一下，如果使用了我们的产品，他们的未来会有多么美好。这通常涉及愿景的描绘。

例如，当我们向客户描述使用 CRM 软件后的愿景时，我们得用简单直白的语言，让他们感受到实实在在的好处：

"用了我们的 CRM 软件，销售人员每天上班都干劲十足。他们打开软件，一眼就能看到今天要联系的客户，以及每个客户的喜好、需求。他们知道该给谁打电话，该给谁发邮件，工作效率自然能得到提升。

"而且，这款软件还能帮他们自动记录客户信息，让他们再也不用手动翻笔记、找资料。这样一来，他们可以把更多的时间和精力用在更重要的事情上，比如和客户建立更深入的关系，或者制定新的市场策略。

"使用 CRM 软件后，您的业绩也会增长。因为团队效率提高了，客户满意度也上升了，自然就会有更多的人愿意和你做生意。销售人员也会因为业绩好而感到自豪，工作起来更有动力，更有成就感。

"简单来说，我们的 CRM 软件就像是一个智能大脑，能让您的销售团队工作更高效，业绩更上一层楼。用了这款软件，您的企业就能在竞争激烈的市场中脱颖而出，赢得更多的客户和机会。

"我们的 CRM 软件不仅能帮您解决问题，还能让您的企业迎来更加光明的未来。"

5. 呼吁行动

在我们的提案接近尾声时，要让客户知道，现在是采取行动的最佳时机。我们提供多种方式，让客户可以根据自己的节奏和需求选择如何向前迈进。

首先，如果客户已经对我们的 CRM 软件充满信心，我们要鼓励他们直接下单。通过我们的网站或者直接联系销售团队，他们可以迅速购买我们的 CRM 软件，立刻享受到软件带来的便利和效率提升。

对于仍有顾虑的客户，我们可以提供免费试用服务。这给他们提供一个无风险的机会来体验软件的功能，看看软件与自己的业务流程是否匹配。

我们同样欢迎客户参加我们的在线产品演示，这不仅能让他们更直观地了解软件的操作和优势，还能促进他们提出问题，并得到及时的解答。

此外，我们也提供一对一的免费咨询，我们的专家将与客户深入交流，了解他们的具体需求，并提供个性化的建议和解决方案。

最后，我们鼓励所有对我们的 CRM 软件感兴趣的客户关注我们的社交媒体账号，这样他们可以及时获取产品更新、行业资讯和专属优惠等信息。

我们的目标是让客户感到，无论他们选择哪种方式来接近我们的产品，他们的面前都有一条清晰、方便的道路。

我们了解了门罗五步法后，可以借助 AI 快速整理产品提案。

下面介绍如何利用 AI 整理一款便携式太阳能充电器的提案。

提问：

> 产品背景：EcoCharge 是一款便携式太阳能充电器，专为户外爱好者、寻求紧急备用电源以及环保意识强的消费者设计。这款充电器利用高效的光伏板能够将太阳能转换为电能，为智能手机、平板电脑和其他 USB 设备充电。EcoCharge 的设计理念是提供一种可持续、环保的能源解决方案，减少人们对化石燃料的依赖。请根据下面的门罗五步法来整理关于 EcoCharge 的提案：引起注意——吸引听众的兴趣和注意力；说明需求——挖掘客户存在的痛点或需求；满足需求——介绍产品如何满足客户的需求；描述愿景——描绘使用产品后的积极变化和未来景象；呼吁行动——鼓励听众采取行动，如购买或试用产品。要求语言通俗易懂。

AI 回答：

> EcoCharge 便携式太阳能充电器提案
>
> 一、引起注意
>
> 想象一下，你置身于壮丽的山巅，或是宁静的湖畔，远离城市的喧嚣，正准备捕捉稍纵即逝的美景，手机电量却突然告急。这时，一款小巧而强大的便携式太阳能充电器——EcoCharge 可以解决你的问题。只需轻轻展开，它就能将太阳能转化为电能。它不仅仅是一款充电器，更是你户外探险的最佳伙伴，让你告别电量焦虑，尽情享受与自然的亲密接触。
>
> 二、说明需求
>
> 在快节奏的现代生活中，户外活动已成为许多人放松心情、寻

与人交谈一次，胜过多年闭门劳作。

找灵感的重要方式。然而，电子设备的电量问题却常常成为我们探索未知的束缚。因此，一个既便携又环保的充电解决方案，成了户外爱好者和环保意识强的消费者的共同需求。

三、满足需求

EcoCharge 正是为了满足这一迫切需求而生的。它采用光伏板，能够高效地将太阳能转化为电能，为你的智能手机、平板电脑等 USB 设备提供源源不断的电力支持。无论是徒步旅行、露营探险，还是紧急情况下的用电需求，EcoCharge 都能轻松应对。更重要的是，它的使用完全依赖于可再生能源——太阳能，无须任何化石燃料，真正实现了零排放、零污染。

四、描述愿景

未来的户外生活将因 EcoCharge 而变得更加自由与美好。你不再需要担心因电量不足而错过精彩瞬间，也不再为寻找电源插座而烦恼。EcoCharge 将成为你背包中的常客，陪伴你踏遍千山万水，帮助你记录下无数个难忘的瞬间。同时，随着越来越多的人选择使用 EcoCharge 这样的环保产品，我们的地球将变得更加宜居。这不仅是一款产品的胜利，更是我们对可持续生活方式的一次有力倡导。

五、呼吁行动

现在，让我们一起行动起来，选择 EcoCharge，为自己的户外生活增添一份便利与绿色。无论是要送户外爱好者礼物，还是为自己准备一份独特的装备，EcoCharge 都是你的不二选择。让我们携手并进，用实际行动支持可再生能源，共同守护我们美丽的地球家园。现在就点击购买或前往实体店体验吧，让 EcoCharge 成为你探索未知、享受生活的得力助手！

当然，我们还可以在 AI 提供的提案的基础上要求 AI 进行完善。聊了这么多，我其实就是想告诉你，说服力是可以通过练习来提升的。就像学骑自行车，一开始可能会摔得四脚朝天，但多摔几次就能学会了。门罗五步法就像是一个北斗导航，能让你在说服别人的路上不迷路。

现在，你已经了解了吸引注意、挖掘需求、满足需求、描述愿景、呼吁行动的技巧。但记住，了解不等于掌握。真正的高手都是在实战中磨炼出来的。所以，赶紧找机会实践。可能一开始效果没那么好，但别气馁，多试几次，你就会发现自己的说服力越来越强。

最后，别忘了，说服不只为了赢得争论，而是为了和人建立更好的关系，为了实现共同的目标。所以，用你的说服力去影响别人，去创造更美好的世界吧！

4.6 利用 AI 处理投诉，让客户满意度攀升

在消费者至上的时代，客户的每一次投诉都是对企业服务的一次直接反馈，它们如同一面镜子，映照出企业的不足与潜力。然而，许多企业往往谈"诉"色变，担心处理不当会引火烧身，

甚至引发公关危机。但古语有云："祸兮福之所倚。"妥善处理投诉，可以赢得客户的忠诚与好口碑。今天，我们就来探讨如何借助 AI 的力量，让投诉处理从"烦恼之源"变为"贴心服务"，推动客户满意度攀升。

投诉处理一点也不简单，简直就是一场对于心理素质和反应速度的双重考验。客户怒气冲冲地来投诉，我们得专业和冷静地化解他们的怒火，一边稳住客户的情绪，一边迅速解决问题。

每个客户及其投诉都是独一无二的，他们希望得到的是量身定制的服务，而不是千篇一律的回复。这就要求我们仔细聆听客户的诉求，找出问题的关键，然后给出个性化的解决方案。

投诉处理不是一个人的事，需要团队的协作，以确保问题能够得到迅速而有效的解决。投诉多了，我们就得反思，是不是我们的服务有改进的空间。通过分析投诉数据，我们可以发现服务中的不足，然后加以完善。

总之，投诉处理需要我们在保持冷静的同时，快速、准确地解决问题，用我们的专业和耐心，让客户的态度从不满转变为满意，把问题变成我们成长和进步的垫脚石。为了更好地解决投诉，我们可以遵循下面的步骤。

1. 倾听与理解

我们要耐心地听客户的不满。在这个过程中，保持冷静和礼貌，让客户感觉被重视和理解，这样他们才能更放松地表达自己的想法。

2. 记录与分析

把客户说的每一件事都记录下来，包括什么时候、在哪里发生的事情，以及客户的感受。然后，整理这些信息，看看问题严不严重，这样我们就能知道怎么处理。

3. 及时回应与反馈

了解清楚情况后，马上跟客户道歉，告诉他们我们已经把问题记录下来了，会尽快处理。同时，我们还要跟客户保持联系，告诉他们处理进展，让他们放心。

4. 解决问题与补偿

根据问题的情况，我们要想出一个好办法来解决它，确保客户的问题得到圆满解决。在这个过程中，我们也要倾听客户的反馈，看看是否需要对方案进行调整以更好地满足客户的需求。如果可能，我们还要尝试提供超出客户预期的解决方案，比如额外的服务或补偿，这不仅能缓解客户的不满，还能在客户心中留下深刻印象，提升客户对我们品牌的忠诚度。

5. 反思与提升

最后一步，就是回顾一下整个处理过程，看看哪里做得好，哪里还有改进的空间。这样，我们下次就能做得更好，并且避免同样的问题再次发生。AI 在客服领域的应用越来越广泛，特别是在处理客户投诉方面。在一些服务场景中，AI 自动应答系统能够通过预设的算法和语料库提供及时反馈，从而处理高频的投诉问题，如外卖催单等。客服人员不知道如何处理客户投诉时，也可以求助 AI。下面给大家分享一个案例。

高度不一样，胸怀和格局就不一样。

提问：

> 我们是一家物流公司，帮客户运送灯具到欧洲，现在有一批灯具达到了 80% 的破损率，客户发起了投诉。经过我们的调查，这可能是发货方的打包环节出现问题导致的，我们应该如何处理这起投诉呢？

AI 回答：

> 面对这样一起严重的客户投诉，作为物流公司，你们需要采取一系列积极、透明且负责任的措施来妥善处理。你们可以按照以下步骤来处理。
>
> 1. 立即回应并表达歉意
>
> - 第一时间联系客户：通过电话、邮件或紧急通信方式向客户表达你们对此次事件的深切关注和遗憾，明确告知你们已经收到投诉并正在积极调查。
>
> - 诚恳道歉：承认问题，并表达对客户造成的不便和损失的歉意，让客户感受到你们的诚意和解决问题的决心。
>
> 2. 全面调查原因
>
> - 内部调查：详细审查运输过程中的每一个环节，包括收货、打包、装载、运输、卸货和交货等，特别关注打包环节是否存在疏漏或不当操作。
>
> - 外部核实：如果可能，与发货方沟通，了解他们的打包标准和流程，确认是否确实存在打包问题。
>
> - 收集证据：收集所有相关的照片、视频、运输单据、检查报告等证据，以便后续分析和处理。

3. 制订解决方案

- 赔偿方案：根据合同条款和实际情况，提出合理的赔偿方案。这可能包括重新发货、部分或全部退款、赔偿破损灯具的成本等。确保赔偿方案能够弥补客户的损失，并符合行业标准和法律法规。
- 改进措施：针对发现的问题，制定具体的改进措施，如加强打包培训、引入更严格的质检流程、优化运输方式等，防止类似问题再次发生。

4. 与客户沟通解决方案

- 详细解释：向客户详细解释调查结果和解决方案，确保他们理解问题的根源和你们的处理方式。
- 听取意见：积极听取客户的意见和建议，了解他们的具体需求，以便更好地满足他们的需求。
- 达成共识：与客户就解决方案达成一致，确保双方都能接受并满意。

5. 执行解决方案并跟踪进展

- 立即执行：按照既定的解决方案迅速行动，如重新发货或支付赔偿款等。
- 持续跟踪：定期向客户通报处理进展，确保他们了解问题的最新情况。
- 后续跟进：在问题解决后进行跟进，了解客户的满意度和反馈，以便进一步改进服务。

6. 总结教训并持续改进

- 内部通报：在公司内部通报此次事件的处理过程和结果，以便其他部门和员工引以为戒。
- 完善制度：根据此次事件的经验教训，完善公司的相关制度和流程，提高服务质量和客户满意度。

- 客户维护：加强与客户的沟通和联系，建立更加稳固的合作关系，提升客户忠诚度。

通过以上步骤，你们可以有效地处理这起客户投诉，并采取措施防止类似问题再次发生。同时，你们也能够向客户展示你们的专业性、责任感和解决问题的能力。

怎么样？ AI 给的处理建议挺专业的吧？

我们甚至可以让 AI 帮我们写处理投诉的邮件。

比如，一家办公软件公司收到了一位企业客户的投诉，客户反映其购买的企业项目管理软件在最近一次系统更新后出现了功能故障。客服团队决定为客户提供紧急修复服务，并希望 AI 帮助他们撰写一封正式的回复邮件。

提问：

我们是一家办公软件公司，收到了一位企业客户的投诉，客户反映其购买的企业项目管理软件在最近一次系统更新后出现了功能故障。我们的客服团队决定在 3 天内派工程师上门，为客户提供紧急修复服务，请根据下面的信息帮我们写一封正式的回复邮件。

客户姓名：张经理

公司名称：华星科技有限公司

购买产品：企业项目管理软件

购买日期：2023 年 5 月 10 日

问题描述：系统更新后部分功能无法使用

解决方案：提供紧急修复服务，并安排技术团队跟进

需要客户提供的信息：软件购买凭证和客户账户 ID

注意邮件主题不要太长，同时语言通俗易懂。

AI 回答：

主题：关于华星科技项目管理软件故障的紧急修复服务安排

尊敬的张经理：

您好！

感谢您及时向我们反馈华星科技有限公司在使用企业项目管理软件过程中遇到的问题。我们非常重视您的反馈，并对您在最近系统更新后遇到的部分功能无法使用问题深感抱歉。

为了尽快解决您的困扰，我们决定在接下来的 3 天内，派遣经验丰富的工程师上门为您提供紧急修复服务。我们的技术团队将全力以赴，确保问题及时、有效地得到解决。

在准备上门服务之前，我们需要您提供以下信息以便我们更好地为您服务：

1. 软件购买凭证（如订单号、发票等）；

2. 客户账户 ID。

请您在收到此邮件后，尽快将上述信息回复给我们，以便我们安排工程师的具体上门时间。

同时，我们也已安排技术团队保持密切关注，并随时准备通过远程方式提供技术支持，以确保在工程师上门前，尽可能减轻

自己发光，而非折射他人光芒。

问题对您业务的影响。

我们深知企业项目管理软件对您业务的重要性，因此我们将不遗余力地确保问题得到圆满解决。再次对给您带来的不便表示歉意，并感谢您的理解与支持。

如有任何疑问或需要进一步的帮助，请随时与我们联系。

祝工作顺利！

[您的姓名]

[您的职位]

[公司名称]

[联系电话]

[电子邮箱]

利用 AI 撰写邮件又快又专业，可以大大提升我们的工作效率。

以前，客户投诉如同一团乱麻，让人困扰不已。但现在，AI 就像是一位聪明的助手，它不仅能迅速理清这团乱麻，还能找到最合适的线头，帮你轻松解决问题。

所以，现在有了 AI 的助力，客户投诉不仅不再是难题，反而可能成为推动公司进步、提升客户满意度的宝贵机会。大家都能从中受益，实现共赢。

05

AI 神助攻，
让演讲不再"压力山大"

5.1 用 AI 整理演讲框架，让演讲更轻松

在准备演讲时，你是否曾面对堆积如山的笔记，却依然觉得无从下手？或者在台上滔滔不绝，却发现听众眼神游离，似乎在问你："你到底想表达什么？"这其实是因为你缺乏一个清晰的演讲框架。

演讲时逻辑不清就像是在没有路标的城市里开车，你很可能会迷失方向。一个明确的演讲框架，就像是一个导航系统，不仅能指引你沿着正确的道路前进，还能确保你的听众能够跟上你的思路，享受这场思维的旅程。

下面我们先来了解一些职场中常用的演讲框架。

1. 时间顺序框架

○ **结构：** 时间线起点 → 关键事件 → 高潮或转折点 → 结尾。

○ **适用场景：** 项目回顾、历史事件展示、个人职业发展叙述等需要按时间顺序展示事件发展过程的场景。

○ **职场案例：** 在一次项目回顾中，演讲者可能会从项目启动开始，按时间顺序描述关键里程碑、遇到的挑战和最终成果，展示项目发展的全过程。

让人失去理智的是外界的诱惑。

2. 问题 - 分析 - 行动框架

○ **结构：** 问题描述 → 原因分析 → 行动呼吁。

○ **适用场景：** 职场问题提出和解决、措施提案改进、策略调整说明等需要强调问题、分析原因并提出解决方案的场景。

○ **职场案例：** 在一次关于提高客户服务质量的演讲中，演讲者首先描述客户投诉率上升的问题，然后分析服务流程中的缺陷，最后呼吁实施新的客户反馈机制和员工培训计划。

3. STAR 框架

○ **结构：** 情境设置 → 任务定义 → 行动过程 → 结果展示。

○ **适用场景：** 工作汇报、案例研究、面试问题回答等需要详细叙述特定情境下的行为和结果的场景。

○ **职场案例：** 在一次工作绩效评估中，员工可能会使用 STAR 框架来描述一个特定项目，包括项目背景、分配给他的任务、他为完成任务所采取的行动、项目成果，以及他学到的经验。

4. PREP 框架（Point-Reason-Example-Point）

○ **结构：** 观点陈述 → 理由支持 → 案例证明 → 观点重申。

○ **适用场景：** 销售演示、理念推广、政策倡导等需要清晰表达观点并用案例或数据支持的场景。

○ **职场案例：** 在一次销售策略会议中，演讲者提出"个性化客户服务可以显著提高客户忠诚度"的观点，解释其重要性，并通过一个成功案例来证明提供个性化客户服务的有效性，最后重申个性化客户服务的价值。

5. 金字塔框架

○ **结构：** 核心论点 → 支持论点 1 → 支持论点 2 → …… → 论据。

核心论点：确立演讲的中心思想或主要观点。

支持论点：围绕核心论点展开的分论点，通常有 2~5 个，每个都直接支持核心论点。

论据：用于支持论点的数据、事实等。

○ **适用场景：** 战略规划介绍、复杂概念讲解、高层管理汇报等需要从总体到细节逐步展开论点的场景。

○ **职场案例：** 在一次关于企业数字化转型的演讲中，核心论点可能是"数字化转型是提升企业竞争力的关键"，支持论点包括数字化转型可以提高效率、数字化转型可以降低成本和数字化转型可以增强创新能力，每个论点都有相应的数据和实例作为论据。

6. 对比 / 对照框架

○ **结构：** 选项 A 的特点 → 选项 B 的特点 → 对比分析 → 选项推荐。

○ **适用场景：** 产品比较、策略评估、决策分析等需要展示不同选项的优劣和选项推荐的场景。

○ **职场案例：** 在一次关于选择新办公软件的讨论中，演讲者可能会比较两款软件的功能、成本、效益和用户体验，然后基于比较结果推荐最适合公司的软件。

7. 故事讲述框架

○ **结构：** 背景设定 → 冲突引入 → 高潮迭起 → 结局呈现。

○ **适用场景：** 团队建设、文化推广、变革管理等需要通过故事来

阅读就是在你的生命中不断地播种。

激发情感共鸣和强化信息传递的场景。

- ○ **职场案例：** 在一次团队建设演讲中，演讲者可能会讲述一个团队应对重大项目挑战的故事，包括从项目开始时遇到的困难，到团队成员的协作和创新，直至最终圆满完成项目，以此激励团队成员。

8. SCQA 框架（Situation–Complication–Question–Answer）

- ○ **结构：** 情境描述 → 问题或复杂性 → 提出问题 → 答案或解决方案。
- ○ **适用场景：** 危机管理、挑战应对、项目调整说明等需要先设定背景再提出问题并提供解决方案的场景。
- ○ **职场案例：** 在一次关于提高生产效率的演讲中，演讲者首先描述当前生产流程的瓶颈，指出时间和资源浪费的问题，提出"如何优化生产流程"的问题，然后提供一系列基于精益生产原则的解决方案。

通过这些框架，演讲者可以更有针对性地进行准备和演讲，确保信息的有效传达，并在职场中发挥影响力。

原来，我们学习了演讲框架后仍然需要费心思考如何运用。现在借助 AI，我们可以快速构建适合自己的演讲框架。

提问：

> 演讲主题：推动公司数字化转型。
>
> 目标受众：公司管理层，他们对公司战略方向有决策权，但可能对数字化转型的具体好处和实施步骤不够了解。
>
> 演讲目的：说服管理层认识到数字化转型的紧迫性和重要性，并展示一个清晰的转型路线图。
>
> 我正在准备一个演讲，演讲背景如上，请用 PREP 框架（观点陈述 → 理由支持 → 案例证明 → 观点重申）来帮我整理演讲框架，以确保演讲内容逻辑清晰、层次分明。

AI 回答：

> 以下是根据你提供的背景信息，使用 PREP 框架整理的演讲框架。
>
> P —— Point（观点陈述）
>
> 开场白：简短介绍数字化转型的重要性，并提出核心观点，即公司需要立即采取行动，推动数字化转型，以保持竞争力和市场地位。
>
> R —— Reason（理由支持）
>
> 1. 紧迫性：解释为什么数字化转型是迫切需要的。可以说明当前市场环境的快速变化、竞争对手的数字化进展，以及客户需求的演变。
>
> 2. 竞争优势：阐述数字化转型如何帮助公司提高效率、降低成本、增强创新能力，从而在市场中获得竞争优势。
>
> 3. 客户体验：说明数字化转型如何改善客户体验，以及如何通过个性化服务、快速响应等手段满足客户需求。

4. 数据驱动决策：强调数据在现代企业决策中的核心作用，以及数字化转型如何使公司更好地收集、分析和利用数据。

E —— Example（案例证明）

提供具体案例，展示其他公司如何成功实施数字化转型，以及从中获得的显著成果。这些公司可以是行业内的领先企业，也可以是拥有与本公司类似的规模和业务模式的公司。

P —— Point（观点重申）

总结前面的论点和案例，重申数字化转型的紧迫性和重要性。强调如果不采取行动，公司可能会面临落后于竞争对手的风险。

额外建议；

1. 在演讲中穿插一些互动环节，比如提问或小调查，以提升听众的参与度和兴趣；

2. 使用视觉辅助工具，如 PPT，以增强信息的传达效果；

3. 准备一个清晰的转型路线图，包括短期和长期目标、关键里程碑，以及预期成果。

通过这样的结构，你的演讲将更加有说服力，能够更好地引导管理层认识到数字化转型的必要性，并激励他们采取行动。

AI 提供的框架还可以帮我们发现一些新的演讲思路。有时候，我们可能确定了主题，但是没想好具体用什么演讲框架。这时，我们也可以寻求 AI 的帮助。

提问：

> 演讲主题：人工智能与未来职场。
>
> 目标受众：技术行业的专业人士和决策者，他们对人工智能的发展趋势和对职场的影响感兴趣。
>
> 演讲目标：
>
> 探讨人工智能如何塑造未来的工作方式；
>
> 分析人工智能对职场技能和职业发展的影响；
>
> 鼓励听众为人工智能时代的职场变革做好准备。
>
> 我在准备一个演讲，演讲信息如上，请给我推荐 3 个比较合适的演讲框架，供我选择。

AI 回答：

> 针对您的演讲主题"人工智能与未来职场"，以下是 3 个推荐的演讲框架，您可以根据个人喜好和演讲风格选择最合适的一个。
>
> 1. 问题—影响—解决方案框架
>
>   – 问题引入：开场时提出人工智能对职场造成的影响，吸引听众的注意力。
>
>   – 影响分析：深入探讨人工智能如何改变工作流程、职业角色和个人所需技能，以及这些变化对个人和组织的具体影响。
>
>   – 解决方案提供：提出具体的策略和行动计划，帮助听众理解如何应对人工智能时代的职场变革。
>
> 2. 历史—现在—未来框架
>
>   – 历史背景：从人工智能的起源和发展讲起，为听众提供必要的背景知识。
>
>   – 当前状态：分析人工智能目前如何影响职场，包括成功案

当你凝视深渊时，深渊也在凝视你。

例和存在的挑战。

　－未来展望：基于当前趋势，预测人工智能在未来职场中的角色和影响，以及我们应如何应对。

3. SWOT 分析框架

　－优势（Strengths）：讨论人工智能在职场中的优势，如提高效率、促进创新等。

　－劣势（Weaknesses）：分析人工智能可能带来的风险和挑战，如失业潮、技能差距等。

　－机会（Opportunities）：探索人工智能为职场带来的新机遇，如新的职业路径和业务模式。

　－威胁（Threats）：识别人工智能可能对现有工作方式构成的威胁，以及如何应对这些威胁。

这 3 个框架各有侧重点，但都能有效地帮助您组织演讲内容，确保逻辑清晰、信息传达有效。您可以根据演讲的具体需求和个人偏好，选择最合适的框架进行深入准备。

　　我们已经深入探讨了如何利用 AI 来构建演讲框架。这不仅仅是为了简化我们的准备工作，更是为了让我们的演讲更加有条理、更加引人入胜。AI 在这里扮演的角色是一位高效的助理，它帮助我们梳理思路、节省宝贵的时间，让我们可以把更多的精力投入到演讲的精髓——分享能够触动人心的故事和见解上。

　　现在，是时候拿起 AI 这个强大的工具，带着你的智慧和热情，勇敢地走上演讲台，用你的言辞和情感去触动每一位听众的心灵，让他们感受到你的热情和信念。

提前到场
调试的
不是设备
是掌控感

开场30秒决定听众是否愿意借你一小时

5.2 有 AI，你就是下一个金句大师

在演讲时，金句就像是璀璨的珍珠，能在听众的心中留下深刻的印记。金句之所以珍贵，是因为它们不仅是对生活和工作的深刻洞察，更是对演讲核心内容的高度提炼。

提及金句，不得不提史蒂夫·乔布斯（Steve Jobs），他的许多话语总是能够直击人心。在 2005 年斯坦福大学的毕业典礼上，乔布斯分享了他的人生经验和智慧，其中一句"Stay hungry, stay foolish"（求知若饥，虚心若愚），成了许多人追求梦想和实现创新的动力源泉。这句话简洁而深刻，激励人们保持对知识的渴望和对未知的好奇。

乔布斯的另一个金句"Your time is limited, so don't waste it living someone else's life"。（你的时间有限，所以不要浪费时间去过别人的生活）则提醒我们，生命短暂，应当追随自己的内心和梦想，而不是盲目模仿他人。而在 2001 年的数字世界博览会上，乔布斯谈到 iPod 时说："iPod is a device which is a thousand songs in your pocket."（iPod 是一个能让你口袋里装下一千首歌的设备。）这句话不仅说明了 iPod 的便携性和大容量，也体现了乔布斯对产品简洁性和用户体验的极致追求。

这些金句都承载着乔布斯对科技、创新和生活的独特见解，

人生如镜，你笑它也笑。

它们超越了时间和空间的限制，成了永恒的经典。通过这些例子，我们可以看到金句的力量——它们能够激发情感，引发思考，甚至改变人们的观念。

在演讲中，如果我们能够巧妙地使用金句，绝对能让我们的演讲更吸引人、更有力度。金句是演讲的灵魂，它们能够让听众记住那些触动人心的演讲瞬间。

在演讲中加入金句的一种方式是直接引用名人名言。但需要注意的是，要避免使用过于陈旧、老掉牙的名人名言，否则非但不能给演讲加分，反而可能让听众觉得乏味。因此，在选择引用金句时，要尽量选择那些既符合演讲主题，又能触动现代人心弦的金句。

更高级的使用金句的方法是创造属于自己的金句。这不仅能展现你的独特视角和深度思考，还能让听众感受到你的真诚与热情。要创造金句，首先需要了解金句的常用结构，这样才能有的放矢地进行创作。

我们先来看一些常用的金句结构。

1. 1221 式：对称之美，回味无穷

结构解析：这种结构由 4 个部分组成，前两个部分与后两个部分在字数或意义上形成对称，中间用逗号或连接词隔开，形成一种回环往复的美感。

例子一："当你凝视深渊时，深渊也在凝视你。"

这句金句通过"你"与"深渊"的相互凝视，传达了深刻的

生活中的不确定性是成长的源泉。

人生哲理。

例子二："你微笑面对生活时，生活也会对你报以微笑。"

这句话以简洁明了的方式表达了乐观态度与美好生活之间的相互关系。当你微笑面对生活中的挑战时，生活也会以同样的方式回应你，让你感受到温暖和幸福。

2. 1213 式：对比鲜明，幽默风趣

结构解析：前后两部分可以有相同的元素，也可以有不同的元素，不同的元素之间形成对比，整体带有一定的幽默或自嘲意味。

例子一："别人的周末是诗和远方，我的周末是沙发和 Wi-Fi。"

"别人的周末是诗和远方"与"我的周末是沙发和 Wi-Fi"形成对比，展现了不同人对周末生活的不同追求。

例子二："别人的恋爱是甜剧，我的恋爱是悬疑剧。"

通过比喻形成对比，表明了"别人的恋爱"温馨甜蜜，"我的恋爱"则充满猜测和不确定性。

例子三："同事回邮件是秒回，我回邮件是轮回。"

"同事回邮件是秒回"与"我回邮件是轮回"形成鲜明对比，前者体现了同事的高效与迅速，后者则自嘲地表达了自己回复邮件的缓慢和拖延。

3. 不是……是……：否定与肯定，强调重点

结构解析：通过"不是……是……"的类似句式，先对某一

梦想的实现不是等来的，而是拼出来的。

观点或现象进行否定，紧接着给出自己的正面观点，强调重点。

例子一："我们不生产水，我们只是大自然的搬运工。"

这是某矿泉水品牌的广告语，巧妙地表达了品牌的核心价值。

例子二："不是生活决定你的态度，而是你的态度决定生活。"

通过"不是……而是……"的转折，强调了个人态度的重要性。

例子三："不是所有的努力都会成功，但成功一定属于那些不懈努力的人。"

强调了努力与成功之间的必然联系。

4. 排比式：气势磅礴，增强说服力

结构解析：将3个或3个以上结构相似、语气一致的句式或词组排列起来，表达多个相近或相关的意思。

例子一："工作中靠谱的人是什么样的呢？无非就是样样有交代，件件有着落，事事有回音。"

这个排比式金句生动地描绘了靠谱的人的工作作风，既具体又易于理解，让人印象深刻。

例子二："梦想，是凌晨拿起笔的坚持，是掀开被子的勇敢，是冷水扑面的清醒，是说出再见的勇气。"

这个排比式金句将梦想这一抽象概念具象化为生活中常见的场景与行为。

例子三："成功之路，是无数次跌倒后的爬起，是汗水与泪水

交织的坚持，是孤独与质疑中的自我肯定，是梦想与现实碰撞出的火花。"

这句话通过排比，生动地描绘了成功之路上的艰辛与不易，以及成功者所具备的坚韧不拔、自我激励和勇于追梦的精神。

你可能觉得创作让人眼前一亮的金句有难度，但有 AI 的帮助，这事儿就简单多了。你只需要告诉 AI 你的演讲主题，比如"勇气""梦想"或者"变革"，再描述一下你的目标听众和你想要传达的信息，AI 就能迅速为你生成一系列金句。这些金句不仅内容丰富多彩，形式多样，你还能根据自己的个性化需求做进一步调整。

比如，你想要一个关于"勇气"的排比式金句。

提问：

> 请帮我创作关于"勇气"的排比式金句，请提供 3 个方案。

AI 回答：

> 1. 勇气是火种，点燃希望之光；勇气是灯塔，指引前行之路；勇气是翅膀，带你飞越恐惧的海洋。
> 2. 勇气如剑，斩断犹豫之链；勇气如盾，抵御恐惧之箭；勇气如舟，渡过困难之河。
> 3. 勇气是种子，播撒在挑战的土壤；勇气是泉水，滋润着坚持的心田；勇气是风帆，鼓动着梦想的航船。

人生的价值在于奉献。

　　这样的金句既符合主题，又充满力量，能够很好地提升你的演讲效果。

　　现在，让我们看看 AI 如何用"不是……是……"的类似句式创作金句。

　　提问：

> "不是……是……"：否定与肯定，强调重点
>
> 结构解析：通过"不是……是……"的类似句式，先对某一观点或现象进行否定，紧接着给出自己的正面观点，强调重点。
>
> 例子一："我们不生产水，我们只是大自然的搬运工。"这是某矿泉水品牌的广告语，巧妙地表达了品牌的核心价值。
>
> 例子二："不是生活决定你的态度，而是你的态度决定生活。"通过"不是……是……"的转折，强调了个人态度的重要性。
>
> 请你模仿上面的金句，以"梦想"为主语，用"不是……是……"的句式创作金句，请给 3 个方案。

　　AI 回答：

> 1. 梦想不是遥不可及的幻想，而是我们心中坚定的信念。
> 2. 梦想不是空中楼阁，而是脚踏实地的每一步。
> 3. 梦想不是别人眼中的不切实际，而是自己心中的真实追求。

有了 AI 的帮助，创造让人印象深刻、主题鲜明的金句就变得简单又快速。在这个信息多得让人眼花缭乱的时代，金句就像是演讲中的魔法咒语，能一下子吸引听众的注意。AI 就像是你的私人金句工厂，能让你的演讲内容更加丰富、更有深度。所以，别犹豫了，赶紧用上 AI 这个强大的工具，让你的演讲大放异彩，让听众都为你鼓掌！

5.3 AI 搭建案例库，让演讲妙趣横生

演讲，是我们分享观点和传递信息的重要方式。在这个快节奏的时代，空洞且浮夸的演讲越来越不受欢迎。成年人每天忙于应对各种挑战，他们更希望听到的是能触动内心、引起共鸣的真诚话语。所以，演讲者得换个方式，用更加贴近生活、更能打动人心的方法来表达自己的想法。

在演讲中，案例能让抽象的观点变得具体，让听众在案例里看到自己的影子，从而产生共鸣。一些寻常的道理，只要配上合适的案例，也能变得鲜活有趣。好的案例能让听众在轻松的氛围中自然而然地理解并接受演讲者的观点。

要学会在风雨中跳舞。

简单来说，演讲就像是做菜，案例就是调味料，能让演讲这道菜变得更加美味，让听众愿意细细品尝，而不是匆匆咽下。

很多演讲高手也是案例高手。比如乔布斯某次在斯坦福大学演讲时，没讲什么大道理，而是聊了聊自己的人生经历。比如他退学后去上了书法课，这在当时看起来好像没什么用，但这为他后来设计出了第一台字体漂亮的 Mac 电脑奠定了基础。这个例子告诉我们，有时候你做的一些小事，在将来可能会派上大用场。

罗振宇在一次跨年演讲里讲了自己是怎么从一个普通老师变成了大家都知道的知识传播者的。对于每天早晨发一条 60 秒的语音供《罗辑思维》的用户收听，他已坚持了多年，结果就有了几百万名粉丝。这个例子说明，只要你坚持做一件事，时间长了，肯定会有所收获。

雷军在他的演讲里经常以小米的成长举例。他分享了小米是如何在印度市场取得成功的：小米不仅生产了适合印度人的手机，还参与了当地的活动，比如赞助板球比赛，因此，很快就赢得了当地人的喜爱。这个例子说明，企业要想在国外市场站稳脚跟，就得了解当地的文化，和当地人建立紧密的联系。

案例这么重要，那我们怎么写呢？以下是几个关键点。

1. 了解听众

选案例就像选礼物，需要明确听众，投其所好。挑那些听众能感同身受的案例使用，这样听众才能跟上你的思路，而不是觉得"这跟我有什么关系？"

2. 直截了当

讲述案例时别绕弯子，就像聊天一样，要简单直接地把事情说明白。别让听众觉得在听长篇大论，要让他们感觉在听简短的趣闻。

3. 条理清晰

案例的逻辑要清楚，像故事一样有头有尾。你可以先设定场景，再引出问题，然后讲述是怎么解决问题的，最后说明结果如何。这样听众就能跟上你的思路，不会听得云里雾里，不知所云。

4. 情感投入

在讲述案例时要有感情色彩。你要用语言的力量让听众感受到案例中的人物的喜怒哀乐，这样他们更容易被打动。

5. 点睛之笔

案例讲述完毕，简短地提炼一下案例的要点，让听众明白这个案例要传达的核心是什么。这就像是在故事最后给个小提示，会让人印象更深刻。

通过这样的写作思路，你的演讲案例就能像磁铁一样吸引听众，让他们不仅听得进去，还能有所感悟，最终记住你的演讲要点。

现在我们可以利用 AI 生成演讲中的案例，AI 能够根据我们的需求提供定制化的内容。

如果你已经有了一些案例素材，但需要进一步地完善和丰富，AI 可以帮助你。例如，AI 可以通过分析案例的感情色彩、故事结构等，提出改进建议，甚至自动填充缺失的细节，使案例更加完整和吸引人。

提问：

> "我们是一家高端酒店，最近接到一位客人的投诉。这位客人在我们酒店预订了一间海景房，但实际入住时发现房间景观被附近的新建筑遮挡了。客人感到非常失望，并向前台投诉。我们的客户服务经理李娜负责处理这一问题。她为客人免费升级到了酒店最高层的一间豪华套房，该套房能够提供无遮挡的海景；其次，她为客人安排了一次免费的下午茶，以表达酒店对客人的歉意；最后，她还为客人提供了一份酒店的优惠券，供客人下次入住使用。通过李娜的努力，我们不仅挽回了客人的心，还提升了酒店的声誉和客户忠诚度。"
> 我需要在最新一次演讲中给大家分享上面的案例，想通过这个案例让大家明白，在处理客户投诉时，我们可以通过个性化服务和快速响应来提升客户满意度。请帮我把这个案例整理为适合演讲的内容，要求语言通俗易懂，偏口语化。

AI 回答：

> 当然可以，以下是为您准备的演讲内容，语言通俗易懂，偏口语化。
> 大家好！
> 今天，我想和你们分享一个我们酒店的小故事，它告诉我们，即使是在不太理想的状况下，我们也能通过一些小小的行动，

让客户感到特别和满意。

想象一下，你预订了一间海景房，想要放松身心，享受大海带来的宁静。但当你拉开窗帘，却发现新建筑挡住了你的视线。唉，这真是太让人失望了！

我们有一位客人就遇到了这样的情况。那我们的客户服务经理李娜，她是怎么应对的呢？

首先，她立刻给客人免费升级到了我们酒店最高层的豪华套房。客人在这个房间里能享受一览无余的海景。这不仅仅是解决了问题，更让客人感到被重视和尊重。

然后，李娜还安排了一次免费的下午茶。这不仅是对客人的一种补偿，也是我们表达歉意的一种方式。

最后，她还给了客人一张优惠券，客人下次入住时可以使用。这不仅是个小礼物，也是我们希望客人再次光临的真诚邀请。

通过李娜的这些举动，我们不仅解决了客人的问题，还让客人感到温暖和被关怀。这不仅仅挽回了客人的心，更提升了我们酒店的声誉和客户忠诚度。

这个故事告诉我们，面对客人的投诉，我们可以通过个性化的服务、快速的响应和额外的关怀来提升客户满意度。这不仅仅是解决问题的方式，更是一种艺术，一种让客人感到被爱的艺术，谢谢大家！

希望这些演讲内容能够帮助您在演讲中更好地传达信息，并且引起听众的共鸣。

记住，在让 AI 完善演讲案例的时候，一定要向 AI 强调："整理为适合演讲的内容，要求语言通俗易懂，偏口语化。"不

庸常日子里也能活出诗和远方。

然它整理出来的内容可能过于书面化，不适合演讲。

如果你完全没有思路，可以让 AI 根据演讲的主题帮你生成相关的案例。例如，如果你的演讲主题是"职场办公创新"，可以让 AI 搜索并提供一系列关于职场办公创新的案例。

提问：

> 我现在要做一个演讲，主题是"职场办公创新"，我希望在演讲中加入一些案例，请帮我整理 3 个关于职场办公创新的案例。

AI 回答：

> 职场办公创新是指在工作场所采用新技术、新方法或新理念，以提升效率、提高员工满意度和促进企业发展。以下是 3 个关于职场办公创新的案例，你可以在演讲中引用。
>
> 1. 数字化转型与智能办公
>
> 案例：许多公司正在实施数字化转型，通过引入智能办公系统来提高工作效率。例如，微软的 Office 365 集成了多种办公软件，支持在线协作和云存储，使团队成员无论身在何处都能轻松共享和编辑文档。
>
> 2. 灵活办公空间设计
>
> 案例：谷歌和苹果等公司采用了开放式办公空间设计，以促进员工之间的交流和创意碰撞。此外，一些公司还提供了多种类型的工作区域，如专注区、团队协作区和休闲放松区，以满足不同员工的工作需求。
>
> 3. 员工福利与健康计划

案例：一些公司推出了创新的员工福利计划，包括灵活的工作时间、远程工作选项、健康和健身补贴等，以提升员工的整体福祉。这些福利不仅提升了员工的满意度和忠诚度，还有助于吸引和留住人才。

在演讲中，你可以详细讨论这些创新如何改变了传统的办公方式，提高了员工的生产力和创造力，以及它们对企业文化和组织结构的影响。同时，你也可以探讨这些创新背后的驱动因素，以及它们如何帮助企业适应快速变化的工作环境。

当然，建议在 AI 给出案例后，核实一下案例的真实性，AI 有时会一本正经地胡说八道。

演讲不只是说话，它是一种特别的交流方式，能触动人心，启发思考。有了 AI 的帮助，我们能更快地整理出有趣的案例，让我们的演讲更吸引人，信息传达更到位。

让我们一起大胆尝试，利用 AI 为我们的演讲增添色彩，让每一场演讲都成为一段让听众难忘的旅程。

凛冬散尽，星河长明。

5.4 AI 让复杂变简单，助力听众轻松理解

演讲，就是把你的想法跟别人分享，让大家都能听懂。然而许多专业演讲者在演讲时会掉进一个叫作"知识诅咒"（Curse of Knowledge）的坑。

"知识诅咒"是指，当你懂某种知识的时候，你可能会以为别人也懂，或者以为别人能跟上你的思路。

这种情况经常发生在那些在自己的领域里特别厉害的人身上。他们对自己的专业知识非常熟悉，但没意识到这些东西对别人来说可能很难懂。结果就是，他们在演讲的时候会说出一堆只有他们自己懂的词和概念，而听众听得一头雾水。

想象一下，一位医生在社区讲座中大谈特谈"心房颤动"和"冠状动脉旁路移植术"，而听众是一群对医学知识知之甚少的老人。他们怎么可能不感到困惑和不安？或者，一位 IT 专家在会议上不断使用"区块链""量子计算"等术语，而忽略了听众可能对这些概念闻所未闻。一位金融分析师在投资讲座中讲解了复杂的金融衍生品和风险管理策略，使用了许多专业术语和数学公式。结果，许多新投资者完全无法理解讲座的核心内容。这样的演讲无疑是自说自话，难以达到沟通和启发的目的。

为了避免陷入"知识诅咒"的困境，我们可以采取以下策略来优化我们的演讲。

1. 了解你的听众

在准备职场演讲之前，你要了解你的听众，包括了解他们的职位、工作经验、教育背景以及他们可能关心或疑惑的问题。了解听众能帮助你调整演讲内容，使用适合他们水平的语言和案例，从而提升信息的传达效果。

假设你要给一群市场部的新员工做关于"数字营销"的培训。你不能一开始就讲复杂的算法和数据分析，而应该了解他们可能更关心的如何制定营销策略、如何吸引目标客户等实际问题。因此，你可以从他们熟悉的社交媒体、电子邮件营销等日常工作内容入手，逐渐引出更深入的数字营销概念和技巧。

2. 简化术语

你应将专业术语或复杂概念用简单易懂的语言来表达。如果必须使用专业术语，记得给出清晰的定义或解释。例如，在讲述"ROI（投资回报率）"时，你可以将其简化为："ROI 就是看你投入的资金能赚回多少。

比如，你花 100 元做广告，结果获得了 500 元的销售额，那么你的 ROI 就是 5，意味着你每投入 1 元就能赚回 5 元。"

3. 使用比喻和类比

比喻和类比是两种有效的沟通技巧，你可以通过找到两个看似不相关事物之间的共同点，来帮助听众理解复杂或抽象的概念。在职场中，使用比喻和类比可以使演讲更加生动有趣，同时也能帮助听众更好地记忆和理解信息。

你来人间一趟，你要看看太阳。

比如解释"项目管理中的风险管理"时，你可以说："就像我们开车一样，虽然我们希望顺利到达目的地，但总有一些不确定的因素，比如路况不好、天气变化等。这些就是项目中的风险。为了安全到达目的地（完成项目目标），我们需要提前识别这些风险（看路况、查天气），并制定相应的应对措施（准备备胎、打开雨刷器等）。"

4. 分段讲解，逐步深入

人的注意力是有限的，一次性接收太多信息容易让人感到疲惫和困惑。因此，在演讲中，将复杂的内容分解成若干个简单、清晰的部分，并逐步深入讲解，有助于听众更好地理解和吸收信息。同时，在每个部分结束时进行总结，可以加深听众的印象，并为后续内容做好铺垫。

比如在进行关于"职场时间管理"的培训时，你可以将内容分为"认识时间管理的重要性""分析时间被浪费的原因""制订时间管理计划""实践并调整时间管理策略"4 个部分。每个部分都围绕一个核心点展开，并在结束时进行总结。这样，听众可以逐步建立起对时间管理的全面认识，并学会如何在实际工作中应用这些技巧。

利用 AI，我们可以巧妙地避开"知识诅咒"，让复杂的理念变得简单明了，从而显著提升演讲的质量。

AI 可以作为一个术语简化工具，帮助演讲者将复杂的专业术语转换成更易于理解的语言。

提问：

> 我将在演讲中提到"区块链"技术，但我担心非技术背景的听众可能难以理解，请用通俗易懂的口语化语言来解释"区块链"技术。

AI 回答：

> 好的，我会尽量用口语化、贴近日常生活的语言来解释"区块链"技术，让它对非技术背景的听众来说更加易懂。
>
> 大家好，今天咱们来聊聊一个新鲜但又挺实用的技术——区块链。说白了，区块链可以类比成一本大家共同维护的"大账本"。
>
> 首先，咱们得知道，区块链不是一个人的账本，也不是一个地方的账本，它是好多好多人、好多好多地方一起参与记录的。想象一下，每个人都有一个本子，但是这些本子不是孤立的，它们都被一根根"线"串在了一起，形成了一个长长的链条。这链条上的每一个本子，都记录着一段时间里发生的所有事情，比如谁买了什么，谁卖了什么，谁给谁转了多少钱，等等。
>
> 那么，区块链为什么这么特别呢？
>
> 第一，它特别公平。因为没有人能单独说了算，想要改上面的记录，得全村人，哦不，得全世界好多好多人一起点头才行。这就像咱们村里开会，大事得大家商量着来，不能一个人说了算。
>
> 第二，它特别安全。因为每个本子上的记录都是加密的，而且每个本子都是一模一样的，放在不同的人家里。要改一个记录，就得同时改掉所有本子上的这个记录，这几乎是不可能的。

万物皆有回转，一切终会回甘。

第三，它特别透明。虽然记录是加密的，但大家都知道发生了什么，只是不知道具体是谁干的。这就像咱们村里的广播系统，大家都知道村里发生了什么事，但不一定知道是谁干的。区块链现在可火了，因为它能解决很多以前解决不了的问题。比如，以前咱们跨国汇款得等好几天，现在用区块链技术，几分钟就搞定了；以前咱们买东西担心买到假货，现在用区块链追踪，从生产到销售，每一个环节都清清楚楚的。

所以，区块链就像咱们生活中的一个超级帮手，能让信息更加透明、安全和可信。希望大家听了我的解释，能对区块链有个大概的了解。谢谢大家！

这样的解释比较口语化，也容易让非技术背景的听众理解区块链的基本概念。

此外，AI 可以运用比喻和类比，帮助演讲者以新颖的方式解释复杂概念。

提问：

我需要在演讲中向听众解释"基因编辑"，这个术语听起来很复杂，请帮我用 3 个生动的比喻来解释它。

有志不在年高，无志空活百岁。

AI 回答：

> 当然可以，让我们用 3 个生动的比喻来解释"基因编辑"。
>
> 1. 拼图游戏
>
> 想象一下，基因就像是一块块拼图，它们共同构成了一幅完整的画，这幅画就是我们的身体和特性。基因编辑就像是我们拿到了一些新的拼图，可以替换掉旧的、不完美的部分，或者添加一些新的图案，让整幅画看起来更加完美。通过基因编辑，科学家们可以替换掉那些导致疾病的基因，或者添加一些有益的特性，就像是在拼图上做出一些改进。
>
> 2. 编程
>
> 我们的 DNA 就像是计算机中的代码，控制着我们身体的每一个功能。基因编辑就像是程序员在代码中找到错误或者想要改进的地方，然后进行修改。通过这种方式，我们可以修复一些导致疾病的代码，或者添加新的功能，就像是在软件中添加新特性一样。
>
> 3. 园艺修剪
>
> 基因编辑就像是一个园丁在修剪植物。园丁会剪掉植物上的枯枝败叶，或者嫁接一些新的枝条，以期植物生长得更好。基因编辑就是科学家们在 DNA 上做一些"修剪"，移除一些有害的部分，或者添加一些有益的基因，以期生物体能够更健康、更强壮。
>
> 通过这些比喻，你可以让听众更直观地理解基因编辑是什么意思，以及它可能带来的影响。

演讲结束后，AI 还可以根据听众的兴趣和需求，推荐相关的学习资源。这仿佛为听众配备了一位个性化的学习顾问，帮助听众在演讲后继续他们的学习旅程。

提问：

> 我刚完成一场关于"数字营销"的演讲，请给听众推荐一些行业报告或相关书籍，以供他们深入了解和学习。

AI 回答：（略）。

当需要借助 AI 推荐相关行业报告和书籍时，我会更推荐使用 Kimi，因为它提供的资料都有相关链接。

总之，AI 就是我们在演讲时的强大助力。它能帮我们把那些听起来就让人头疼的复杂概念变得简单明了，让听众一听就懂。而且，AI 还能帮我们找到听众感兴趣的学习资源，让听众在演讲结束后还能继续探索和学习。

现在，我们站在演讲台上，充满自信。因为我们知道，有 AI 在，我们就能讲得明白，听众就能听得懂。

在未来，无论我们站在哪个演讲台上，都要做讲得清楚、让人记得住的演讲者，让我们的演讲成为启发听众思考的明灯，照亮听众的心灵。

06

AI 护航,
职场晋升"一路绿灯"

6.1 用 AI 分析行业趋势，把握未来机遇

几乎每个人都梦想自己的职业发展能够一帆风顺，但现实往往并非如此。在职场中，有这样一类人：他们曾是公司中的佼佼者，每天埋头苦干，但随着时间的流逝，他们的业务被推向边缘，而他们首先被卷入裁员的风暴。

与此同时，职场上还有另一类人：他们起步时并不显眼，却凭借对行业脉搏的敏锐把握，逐渐成长为公司的核心支柱，成为公司不可或缺的中坚力量。

这种差异并非源于个人的努力程度不同，而在于个人是否能够洞察并顺应行业发展的趋势。那些能够紧跟时代潮流的人，似乎总能在变化中找到自己的位置，而那些未能及时调整方向的人，则可能在不知不觉中被时代所淘汰。

职业规划的智慧就在于此，我们不仅要专注于手头的工作，更要有远见，能够洞察行业发展的大趋势。这样才能在职场中找到正确的方向，抵达成功的彼岸。

在这个信息爆炸的时代，AI 能深入数据的海洋，从行业报告、市场数据、社交媒体讨论中捕捉到那些微妙的信号，预测技术变革和消费者行为演变趋势，为我们的职业发展提供一盏指路明灯。

如果要了解行业趋势，纳米 AI 搜索是一个非常不错的工

具。比如我们想了解智慧医疗行业发展情况，便可以直接在纳米 AI 搜索中搜索"智慧医疗行业发展"，它会生成非常详细的行业发展报告，并支持下载。而且纳米 AI 搜索还可以根据搜索结果生成思维导图，非常直观，还可以把搜集到的相关资料列出来。

我们在了解行业趋势后便可以自己进行职业规划。首先，认真审视自己的技能、经历和兴趣是否与行业新动向契合？比如，如果你对新兴科技特别感兴趣，而你又发现现在大家都在聊人工智能，那人工智能可能就值得你深入了解。

接下来，给自己定个目标。这个目标得是实际可行的，而且得有时间限制，比如"我想在接下来的几年里，成为我所在领域的专家"。

然后，看看自己还缺乏什么技能。一旦明确了目标，你就得诚实地评估一下，要达到这个目标，自己需要具备哪些技能。这意味着你可能需要学点新东西。

制订学习计划也很重要。你打算怎么弥补那些技能方面的不足？你可能需要上网课、参加研讨会，或者找个导师。

行业在变，你的职业道路也得跟着变。这可能意味着你得换个工作，或者在现有的工作上做出调整。建立人际关系也很关键，所以你要多参加一些行业活动，或者加入一些专业群组。

别忘了，实践经验很重要。你可以从实习、做志愿工作或者参与项目开始积累实践经验。同时，你要保持对行业动态的关注，这样你的计划就不会过时。

幸福就是有事做，有人爱，有期许。

最后，别忘了定期回顾，看看你的计划实施得怎么样，行业里有没有什么新变化，然后根据需要调整你的计划。

用这种方法，你就能确保你的职业规划跟上行业的发展步伐，更好地抓住机会，实现你的职业目标。

当然，我们也可以直接让 AI 帮我们进行职业规划。

提问：

> 请帮一个刚工作 3 年的医疗器械销售人员结合智慧医疗行业发展制定一份详细的职业规划。

AI 回答：

> 一名刚工作 3 年的医疗器械销售人员，根据智慧医疗行业的发展，可以考虑以下职业规划路径。
>
> 1. 深化专业知识：持续追踪医疗器械领域的最新技术和产品动态，关注智慧医疗的发展趋势，了解如何将智能技术应用于医疗设备中。
>
> 2. 建立行业网络：积极参与行业会议和研讨会，与同行交流，建立广泛的行业联系，了解市场需求和潜在客户。
>
> 3. 提升销售技巧：通过实践和专业培训提升销售技巧，掌握有效的沟通和谈判策略，以便更好地推广智慧医疗解决方案。
>
> 4. 探索新兴市场：利用智慧医疗的优势，探索新的市场机会，如远程医疗服务、移动健康应用等新兴领域。
>
> 5. 寻求专业发展：随着时间的积累，可以考虑晋升为销售经理或高级销售职位，负责开展更大范围的销售或更多产品线，同

聪明的人不一定是好的沟通者。

时也可以转型至医疗咨询或培训领域。

6. 创业机会：随着对行业的深入了解和个人品牌的建立，可以考虑创业，开发自有品牌的产品或服务，满足特定市场需求。

7. 持续学习与认证：为了在行业中保持竞争力，可以考虑获取相关的专业认证，如 CRM 认证、医疗设备维护与管理证书等。

通过上述职业规划，刚工作 3 年的医疗器械销售人员可以在智慧医疗行业发展过程中不断提升自身价值，实现职业目标。

AI 给出的职业规划思维导图是非常具有参考价值的，如下页图所示。

在本节里，我们探讨了如何利用 AI 分析行业趋势。我们看到了，用 AI 来规划职业道路，不仅能让我们找到自己的亮点，还能让我们跟上时代的步伐。

记住，无论行业怎么变，只要我们愿意学习，敢于尝试，就能找到属于自己的那片天空。AI 就是我们的翅膀，能帮我们飞得更高。

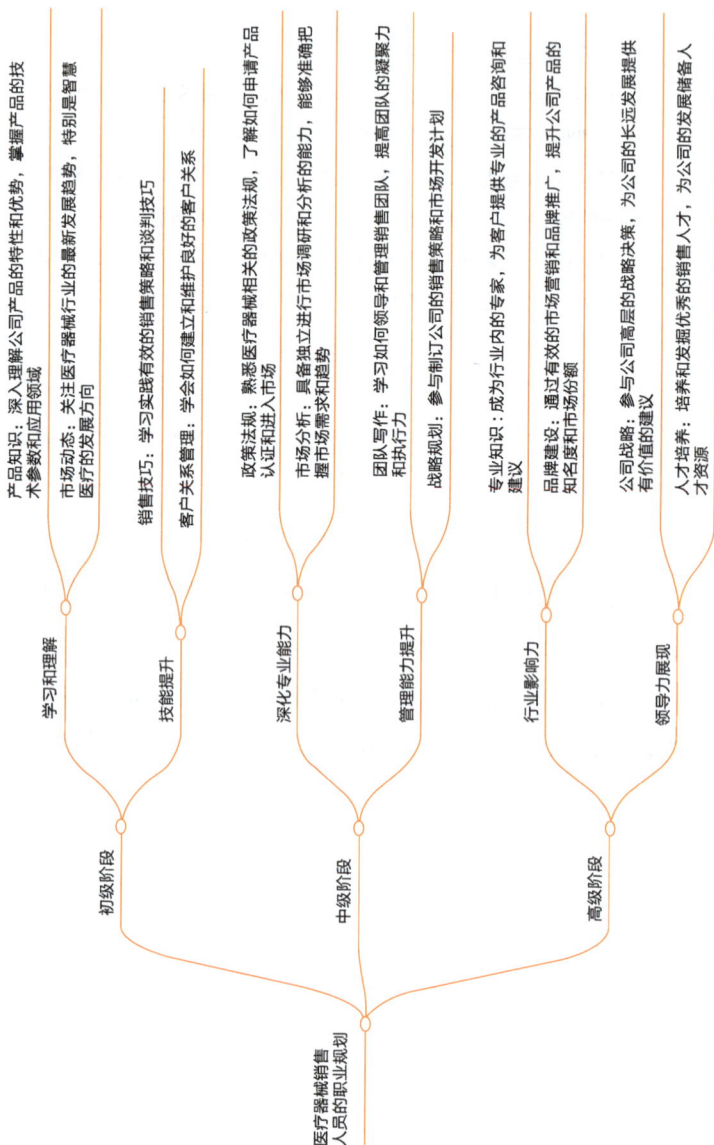

医疗器械销售人员的职业规划

初级阶段

学习和理解
- **产品知识**：深入理解公司产品的特性和优势，掌握产品的技术参数和应用领域
- **市场动态**：关注医疗器械行业的最新发展趋势，特别是智慧医疗的发展方向

技能提升
- **销售技巧**：学习实践有效的销售策略和谈判技巧
- **客户关系管理**：学会如何建立和维护良好的客户关系

中级阶段

深化专业能力
- **政策法规**：熟悉医疗器械相关的政策法规，了解如何申请产品认证和进入市场
- **市场分析**：具备独立进行市场调研和分析的能力，能够准确把握市场需求和趋势

管理能力提升
- **团队写作**：学习如何领导和管理销售团队，提高团队的凝聚力和决断行力
- **战略规划**：参与制订公司的销售策略和市场开发计划

高级阶段

行业影响力
- **专业知识**：成为行业内的专家，为客户提供专业的产品咨询和建议
- **品牌建设**：通过有效的市场营销和品牌推广，提升公司产品的知名度和市场份额

领导力展现
- **公司战略**：参与公司高层的战略决策，为公司的长远发展提供有价值的建议
- **人才培养**：培养和发掘优秀的销售人才，为公司的发展储备人才资源

人生像骑自行车，要保持平衡就得往前走。

6.2 用 AI 梳理背景介绍，展示你的独特优势

前一节我们深入探讨了如何运用 AI 洞察行业趋势、为职业发展指明方向，本节将介绍如何利用 AI 开展竞聘演讲，迅速而有效地实现职场跃迁。

首先，我们要对竞聘演讲的结构有清晰的认识。一场精彩的竞聘演讲通常由以下几个关键部分组成：开场问候、自我介绍、感谢机会、背景介绍、岗位认知、竞聘优势、工作计划、愿景期待等，如下图所示。

▶ 竞聘演讲的结构

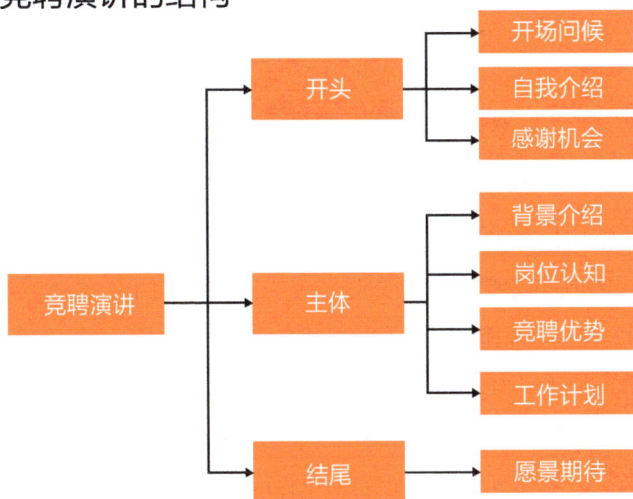

演讲开场是建立第一印象的关键时刻，这时演讲者应该进行诚挚的问候、做简洁的自我介绍，以及对给予竞聘演讲机会的个人或组织表示感谢。例如：

"尊敬的各位领导，亲爱的同事们，大家好！

"我是来自第三支行的小 C。今天，能够站在这里参与二级支行行长岗位的竞聘，我感到无比荣幸和激动。在此，我要感谢分行党委为我们提供这次展示自我、相互学习的机会。

"今天，我带着满腔热忱和对岗位的深刻理解而来，我期望通过这次竞聘，不仅能够充分展示自己的专业能力和潜力，更能够获得各位领导和同事宝贵的指导和建议，以促进我的专业成长和职业发展。

"我的竞聘报告分为 4 个部分：背景介绍、岗位认知、竞聘优势和工作计划。接下来我将详细阐述。"

在竞聘演讲中，一段有针对性的背景介绍不仅能吸引面试官的注意，更能凸显你的专业素养和个人魅力。我们还可以利用 AI 来优化这部分内容，让你在众多候选人中脱颖而出。

很多人在撰写背景介绍时会陷入一些误区。比如，有人可能会像记流水账一样，简单地罗列自己的学习和工作经历，却忽略了这些经历与竞聘岗位的关联性。这样的介绍不仅缺乏吸引力，还可能让人质疑其与岗位的匹配度。

一个不好的案例如下。

一位候选人站在台上说："我在大学主修市场营销专业，毕业后在 4 家不同的公司工作过，工作内容涉及市场分析、销售和项目管理。"这种介绍虽然提供了信息，但缺乏重点和说服力，更像是对简历的简单复述。

相比之下，分享一个优秀的案例能够通过具体的成就和与岗位相关的经验来吸引面试官的注意。

一位候选人这样介绍自己："我在大学期间专注于学习消费者行为学，这为我后来在 A 公司从事市场分析岗位提供了坚实的理论基础。在 B 公司，我领导了一个 5 人团队，通过精准的市场定位策略，成功将新产品的市场占有率提高了 40%。这些经历不仅锻炼了我的分析和领导能力，也让我深刻理解了如何将理论应用于实践，这也正是我竞聘当前这个产品开发岗位的优势。"

在上面这个例子中，候选人通过以下方式提升了背景介绍的质量。

1. 明确相关性： 直接点明了学习和工作经历与竞聘岗位的直接联系。

2. 量化成就： 使用具体的数字来描述成就，增强了说服力。

3. 故事化呈现： 通过讲述自己的职业旅程，使经历更加生动和有吸引力。

4. 展示专业成长： 强调了在不同岗位上学到的技能和知识，以及它们对当前的竞聘的作用。

此外，优秀的背景介绍还应该满足以下要求。

1. 简洁精练： 避免冗长的叙述，专注于传达最关键的信息。

2. 真诚表达： 真实、不夸大成就，以建立信任。

你永远无法叫醒一个装睡的人。

3. 个性化： 展现个人特质，让面试官感受到你的独特之处。

4. 目标受众导向： 考虑面试官的期望，确保介绍内容符合他们对候选人的期待。

5. 清晰的语言： 使用易于理解的语言，避免使用行业术语或缩写，确保面试官能够轻松理解。

通过上述内容，我们可以看到，一个优秀的背景介绍不仅能够展示你的专业背景和成就，还能够通过具体的例子和故事来展现你对竞聘岗位的热情和适应性。这样的背景介绍能够让面试官对你留下深刻印象，并让你从众多候选人中脱颖而出。

如果你还是不知道如何完善自己的背景介绍，那是时候让 AI 帮你一把了。

小李准备竞聘公司的市场部经理岗位，他给 AI 发送了自己的背景介绍草稿：

> 我正在准备一份竞聘演讲稿，但我不确定如何让我的背景介绍更加吸引人。以下是我的一些基本信息：
> - 我毕业于 X 大学市场营销专业；
> - 我在 Y 公司担任市场分析师 3 年，参与了多个成功的营销活动；
> - 目前我在 Z 公司担任市场部副经理，负责产品推广和团队协调。
>
> 我希望能够强调我的专业背景和实际经验，让面试官看到我适合市场部经理这个岗位。请帮我完善这部分内容。

最遗憾的是坚持了不该坚持的。

AI 回答：

当然可以，以下是对您背景介绍的完善建议，您可以根据这些内容来调整您的演讲稿。

尊敬的面试官，首先，请允许我简单介绍一下自己。我是 [您的名字]，毕业于 X 大学市场营销专业。这所学府不仅赋予了我深厚的专业知识，更重要的是，它激发了我对市场动态的敏锐洞察力和对创新营销策略的不懈追求。

在 Y 公司担任市场分析师的 3 年时间里，我有幸参与了多个具有里程碑意义的营销活动。这些活动不仅提升了品牌影响力，也显著增加了公司的市场份额。我深刻体会到，成功的营销活动背后是对市场趋势的精准把握和对消费者心理的深刻理解。我可以自豪地说，我在这个过程中扮演了关键角色，不仅贡献了创意，更通过数据分析确保了策略的科学性和有效性。

目前，我在 Z 公司担任市场部副经理，负责产品推广和团队协调。这个角色让我更加深入地理解了市场运作的复杂性，以及如何领导一个团队达成共同的目标。我学会了如何在压力下保持冷静，如何激励团队成员，以及如何通过数据驱动的决策来优化我们的市场策略。

我的背景和经验让我对市场营销有着全面而深入的理解。我相信，这些经验将使我能够在市场部经理这个岗位上发挥重要作用，为公司带来创新的营销理念和实际的业绩增长。

谢谢大家的聆听，我期待能够与大家共同探讨如何将这些经验转化为公司的成功。

请根据您的具体情况和演讲的风格适当调整上述内容，以确保它能够真实反映您的背景和经验。祝您竞聘演讲成功！

热爱世界，才真正活在世上。

随着本节内容的展开，我们深入了解了 AI 如何在职场竞聘中成为我们的得力助手。从小李的案例中，我们看到 AI 如何巧妙地转化平凡的背景经历为引人入胜的演讲，增强个人故事的吸引力和说服力。

你下一次准备竞聘的时候，不妨让 AI 来帮忙。它能让你的背景介绍更加突出，让你的演讲更有吸引力。这会增加你脱颖而出的机会。每一次竞聘都是一次宝贵的自我展示和成长机会，无论结果如何，你都向目标近了一步。愿你保持积极，持续学习，不断超越自我。

最终，希望 AI 伴随你在职场中稳步前行，助力你实现职业梦想，让你在走每一步时都坚定而充满信心。

6.3 AI 精准匹配岗位需求，助你锁定心仪岗位

这一节，我们来学习如何在竞聘演讲中展示自己的岗位认知和竞聘优势。

许多人在准备竞聘演讲时，往往会犯一个常见的错误：在介绍完自己的背景后，便急切地罗列自己的优势，希望以此吸引面试官的注意。但这种方法往往效果不佳，因为它忽视了一个关键

的步骤——展示岗位认知。

正如优秀的销售人员不会一上来就大肆宣传产品的优点，而是会先深入了解客户的需求和痛点，然后提供合适的解决方案，我们在竞聘演讲时也应采取相似的策略。我们必须先展示自己对岗位的深刻理解，然后有针对性地展示自己的竞聘优势，这样才能让面试官感受到我们与竞聘岗位高度匹配。

岗位认知是构建竞聘演讲的基础。它要求我们不仅要了解岗位的基本要求，还要洞察岗位背后的深层需求。这包括对岗位职责、公司文化、团队环境及行业趋势的全面理解。只有对岗位有了清晰的认识，我们才能更准确地定位自己的优势并有效地展示给面试官。

在有恰当的岗位认知的基础上，我们可以更有针对性地展示自己的竞聘优势。这些优势应当直接回应岗位的需求，展示我们如何解决岗位面临的挑战和满足公司的期望。通过具体的例子和成果，我们可以向面试官证明，我们不仅具备岗位所需的技能和经验，而且能够为公司带来实际的价值。

下面通过一个案例来具体说明这一过程。假设你是一位经验丰富的市场营销专业人士，目前正在竞聘市场营销经理岗位。你的目标是向面试官展示你不仅理解这个岗位的核心要求，而且具备将这些要求转化为实际成果的能力。

首先，你需要对市场营销经理岗位有深刻的认识，你可以把它总结为 4 个中心。

（1）客户需求中心：始终将客户的需求和期望作为所有营

销活动的出发点。通过精准的市场调研和客户反馈机制，洞察客户的深层需求，并以此为基础设计产品和服务，确保产品和服务满足甚至超越客户的期待。

（2）品牌价值中心：维护和提升品牌价值是市场营销经理的另一项核心任务。这涉及确保品牌信息的一致性和吸引力，通过有效的品牌传播策略，提升品牌的市场认知度和客户忠诚度。

（3）市场趋势中心：在快速变化的市场环境中，紧跟市场趋势并预测行业变化是至关重要的。市场营销经理需要具备敏锐的市场洞察力，能够及时调整营销策略，把握市场机遇，应对挑战。

（4）团队效能中心：一个高效的团队是实现营销目标的基石。市场营销经理需要优化团队结构和工作流程，提升团队的整体效能和协作能力。这包括激发团队成员的潜力、促进跨部门合作、确保团队能够迅速响应市场变化、高效执行营销计划。

理解了岗位需求之后，你可以开始展示自己的竞聘优势，充分展示自己和岗位需求的契合度。比如你可以这样讲：

"鉴于我过往的工作经验，我相信自己能够非常出色地达到市场营销经理岗位的 4 个中心要求。

"客户需求中心：在我的过往工作经历中，我始终将客户需求作为营销活动的出发点。通过对市场趋势的深入分析和客户反馈的持续收集，我成功领导团队推出了多款创新产品，满足了市场的具体需求。例如，在分析了数千条客户评论后，我们对产品进行了关键改进，使得客户满意度提升了 45%，同时在 3 个月内

人的自由在于决定不做什么。

实现了 25% 的销售额增长。

"品牌价值中心：维护和提升品牌价值是我的另一项核心专长。通过制定一致而有吸引力的品牌信息，我帮助公司在竞争激烈的市场中建立了强大的品牌形象。在一次重要的品牌重塑活动中，我带领团队通过一系列创意营销活动，成功提升了品牌认知度，使得品牌价值在一年内增长了 30%。

"市场趋势中心：我对市场趋势的敏锐洞察力，使我能够及时调整营销策略，把握市场机遇。在预测到移动营销将成为主流后，我率先推动了公司的数字化转型，这一策略使公司在新兴市场中占据了先机，实现了 50% 的市场份额增长。

"团队效能中心：在团队管理方面，我通过优化团队结构和工作流程，显著提升了团队效能。通过实施目标管理和激励机制，我激发了团队成员的潜力，促进了跨部门合作，使得团队的整体生产力提高了 20%，并在多个项目中实现了高效协同。"

通过上述内容，你不仅能够清晰地向面试官展示自己与岗位的契合度，还能突出自己的专业素养和实际成果。而在 AI 的辅助下，这一过程将变得更加高效和精准。

AI 能够快速分析岗位描述，识别关键职责和技能要求，为我们提供全面的岗位认知框架。同时，AI 还能帮助我们总结竞聘优势，将我们的个人经验和技能与岗位需求进行精准匹配。通过 AI 的智能分析，我们可以发现自己在哪些方面与岗位最为匹配，哪些优势最能吸引面试官的注意。

小王是一位资深财务分析师，正在竞聘一家大型制造企业的财务经理岗位。他把岗位说明提供给 AI，让 AI 分析这个岗位的核心能力需求。

提问：

我正在竞聘一家大型制造企业的财务经理岗位，请帮我分析这个财务经理岗位的核心能力需求，并把核心能力需求总结为 4 点。以下是岗位描述的一些关键点。

- 负责公司的财务规划、预算管理和财务报告。
- 监督和指导财务团队，确保财务数据的准确性和及时性。
- 与高级管理层合作，提供战略决策支持。
- 确保所有财务活动遵守法律法规和公司政策。
- 要求至少 5 年相关工作经验，拥有财务、会计或相关领域的学位，以及高级的财务分析和报告技能。
- 优先考虑具有注册会计师资格的候选人。

AI 回答：

根据您提供的岗位描述，财务经理岗位的核心能力需求可以概括为以下 4 点。

1. 高级财务分析与报告技能

　－ 需要具备强大的财务分析能力，能够深入解读财务数据，并编制高质量的财务报告。

　－ 能够运用高级财务工具和方法，为公司提供决策支持。

2. 领导与管理财务团队的能力

　－ 需要有指导和监督财务团队的经验，确保团队成员能够准确、及时地完成财务任务。

－能够激励团队成员，提升团队的整体表现和协作效率。

3. 战略规划与合规性保证

－需要与高级管理层合作，参与公司的战略规划，并确保所有财务决策和活动符合法律法规和公司政策。

－能够识别和管理财务风险，维护公司的财务安全和声誉。

4. 持续学习与创新能力

－需要不断学习新的财务知识和技能，以适应快速变化的商业环境。

－能够推动创新，提升财务流程的效率和效果，同时促进团队成员的持续成长。

这 4 点核心能力需求覆盖了财务经理在专业技能、团队管理、战略规划和个人发展等方面的关键素质。在竞聘过程中，您可以围绕这些核心能力来展示您的经验和优势。

接着，我们可以将个人经历提供给 AI，让 AI 把我们的个人经验和技能与岗位需求进行精准匹配。

提问：

现在，我将提供我的工作经历。以下是我的简历摘要和一些关键成就。

- 我在 A 公司担任高级财务分析师，负责月度和年度财务报表的编制和分析。

- 我领导了一个由 5 人组成的团队，成功实施了一项成本节约计划，每年为公司节省 20 万美元。

真正的自由不是逃离现实。

- 我参与了多个跨部门项目，与高级管理层紧密合作，提供了关键的财务见解和建议。
- 我拥有会计学硕士学位，并通过了注册会计师考试。
- 我在财务领域工作了8年，具备丰富的财务规划和预算管理经验。
- 我致力于持续学习和专业发展，定期参加行业会议和研讨会。

请你把我的个人经验和技能与岗位需求进行精准匹配，以突显我和岗位高度匹配。

AI 回答：

根据您提供的简历摘要和关键成就，我将您的个人经验和技能与财务经理岗位的核心需求进行精准匹配，以突显您与该岗位高度匹配。

1. 高级财务分析与报告技能

  - 您在 A 公司担任高级财务分析师，以及负责月度和年度财务报表的编制和分析的经历，直接体现了您在高级财务分析和报告方面的专业能力。这与岗位对高级财务分析和报告技能的要求高度吻合。

2. 领导与管理财务团队的能力

  - 您领导 5 人团队并成功实施成本节约计划的成就，不仅展示了您的领导能力，还证明了您在团队管理和激励方面的实际成效。这与岗位描述中监督和指导财务团队的需求完全对应。

3. 战略规划与合规性保证

  - 您参与跨部门项目并与高级管理层合作的经历，显示了您在战略规划方面的参与度和影响力。同时，您的会计学硕士学位和注册会计师资格，确保了您在财务合规性方面的专业素养，这与岗位对遵守法律法规和公司政策的要求完全契合。

4. 持续学习与创新能力

 — 您在财务领域的 8 年工作经验和对持续学习及专业发展的承诺，如定期参加行业会议和研讨会，表明您具备适应行业变化和推动创新的能力。这与公司倡导的创新、团队合作和持续学习的文化非常匹配。

在准备竞聘材料时，您可以将这些匹配点具体化，通过实例和数据来支撑您的论点，使您的简历和面试表现更加突出。例如，您可以详细描述成本节约计划的实施过程和成果，展示您在团队管理和战略规划方面的能力；或者分享您在财务分析中使用的具体方法和工具，以及它们如何帮助公司做出更好的决策。通过这样的方式，您可以向招聘方清晰地展示您与岗位高度匹配和您作为候选人的独特价值。

小王看完 AI 的回答后还是觉得写稿有难度，但没关系，他可以继续提问，让 AI 把相应内容直接变成竞聘稿。

提问：

请帮我把前面的信息整理为流畅的竞聘稿，注意我竞聘的是自己公司的岗位。

AI 回答：

当然，以下是一份针对您竞聘自己公司财务经理岗位的竞聘稿，强调了您对公司的了解和对岗位的高度匹配。

尊敬的 [公司名称] 管理团队：

作为 [公司名称] 的一员，我很荣幸能够参与竞聘我们公司的财务经理这一关键岗位。基于我对公司的深刻理解和我的职业经历，我坚信我能够为公司的财务健康和战略发展做出重要贡献。

1. 财务分析与报告专长

在 [公司名称] 担任高级财务分析师期间，我负责编制和分析月度及年度财务报表，这不仅锻炼了我的分析能力，也加深了我对公司财务运作的深刻理解。我的这些经验使我能够迅速提升财务规划和预算管理的效率。

2. 团队领导与管理经验

我曾领导并成功实施了一项成本节约计划，每年为公司节省了 20 万美元。这一成就不仅证明了我的领导能力，也展示了我在团队管理和激励方面的实际成效。我期待将这些经验应用于财务团队，以确保数据的准确性和及时性。

3. 战略规划与合规性的专业承诺

我参与了多个跨部门项目，并与高级管理层紧密合作，提供了关键的财务见解和建议。我的会计学硕士学位和注册会计师资格，保证了我在财务合规性方面的专业素养。我将致力于确保公司的所有财务活动都符合法律法规和公司政策。

4. 持续学习与创新的个人追求

我在财务领域的 8 年工作经验，以及对持续学习和专业发展的承诺，使我始终保持对行业最新动态的敏感度。我定期参加行业会议和研讨会，这不仅促进了我的个人成长，也为我提供了推动财务流程创新的机会。

梦想是我们心中那股不灭的火焰。

我对 [公司名称] 的创新、团队合作和持续学习文化有着深刻的认同和实践。我相信，竞聘成功后，我能够进一步强化这种文化，并与团队一起实现公司的长期目标。

我期待着有机会进一步讨论我如何为 [公司名称] 带来价值，并与团队一起实现财务和业务上的卓越成就。感谢您考虑我的申请。

此致，

敬礼！

[您的姓名]

这份竞聘稿不仅展现了您与岗位的高度匹配，还体现了您对公司文化的深刻理解，为您在公司内部的竞聘提供了有力的支持。

竞聘不只是展示自己多厉害，最关键的是向公司证明：自己就是这个岗位的最佳人选。要想做到这点，你得清楚地了解这个岗位的需求，然后用自己的经历和能力来证明自己与岗位高度匹配。

AI 可以帮你把岗位的需求和你的优势对应起来，让公司看到你的潜力和价值。用好这个工具，你的竞聘之路将更加顺畅。

最后，无论结果如何，每次参与竞聘都是一次成长。保持积极，继续前进，相信自己，你一定能找到那个让你大展拳脚的地方。

升职
不是爬梯子
而是
修自己的
桥

别等准备好
才举手
边做边学
才是成年人
规则

赢在表达：AI 时代职场沟通指南

6.4 用 AI 完善工作计划，让面试官对你信心倍增

很多人在写工作计划时，可能会掉进一个陷阱：喊口号。他们可能会制订一些听起来"高大上"但缺乏实质内容的计划，比如"我们要成为行业领导者"或者"我们将实现业绩翻倍的目标"。这些计划没有具体的行动步骤和实现路径，让人感觉像是空中楼阁，难以落地。

在竞聘中，工作计划极其重要，一个好的工作计划不仅能让面试官看到你的决心和准备，还能体现出你对岗位乃至整个组织未来发展的深刻理解和贡献潜力。

因此，我们需要重视工作计划的制订，避免喊空洞的口号，要提出具体、实际、可执行的策略和措施。

具体来说，你可以根据以下方法来制订工作计划。

1. 和公司目标"手拉手"：同频共振，共创辉煌

在制订工作计划之初，首先要做的是深入了解公司的目标。这好比在航行前明确目的地，确保航向正确。比如，公司今年的目标是提升市场份额，那么你的工作计划中就应该包含市场调研、品牌推广等方面的策略，与公司"手拉手"，共同实现这个目标。具体案例：公司计划在未来一年内将市场份额提升 5%，你便可以在计划中详细列出如何通过优化产品线、加强网络营销、拓展销售渠道等方式，助力公司实现这一目标。

2. "对症下药"，解决问题：精准施策，药到病除

每个公司都面临着不同的问题，而你的工作计划要有助于公司解决问题。比如，公司近期发现客户满意度下降，那么你可以通过客户调研找出问题所在，然后提出解决方案，如改进服务流程、提升产品质量、加强售后服务等。具体案例：针对客户反馈的售后服务响应速度慢的问题，你计划采取设立 24 小时客服热线、优化服务流程、定期回访客户等措施，确保客户的问题得到及时解决。

3. "数字化"你的目标：明确目标，量化成果

目标要清晰具体，最好能够量化，这样不仅能让你明确努力的方向，也能让领导更容易评估你的工作成果。比如，在销售计划中，不要只说"提升销售额"，而要明确表示"我想让销售额在第四季度提升 20%"。这样的目标能让你在执行过程中有据可依，同时也能让领导看到你的决心和信心。具体案例：你计划通过增加销售渠道、推出新品促销活动等方式，在第四季度实现销售额提升 20% 的目标，并详细列出各项措施的预计效果和完成的时间节点。

4. "时间表"用起来：管理时间，高效执行

给每个任务都设定一个明确的时间表，这样不仅能帮助你合理安排时间，提高工作效率，还能让领导看到你的时间管理能力。比如，在项目中，你可以将任务细分为多个小目标，并为每个小目标设定完成时间。具体案例：在产品开发项目中，你计划

将项目开发过程分为需求分析、设计、开发、测试、上线 5 个阶段，并为每个阶段设定了明确的完成时间和责任人，确保项目按时推进。

5. "未雨绸缪"，应对风险：预见未来，稳健前行

在制订工作计划时，不仅要关注如何成功实现目标，还要考虑到可能遇到的风险和挑战，提前准备好应对策略，这能让你在面对困难时更加从容不迫。比如，在制订市场拓展计划时，你要预想竞争对手可能会采取的措施，并提前准备好应对策略。具体案例：在计划拓展新市场时，你预想竞争对手可能会通过降价促销来抢占市场份额，因此你在计划中提前准备了提升产品附加值、加强品牌宣传等策略来应对挑战。

有了初步的工作计划后，我们可以利用 AI 来对其进行完善。

提问：

> 我是一家中型企业的资深财务分析师，我们公司主要从事制造业，我在准备竞聘我们公司的财务经理岗位。
>
> 基于我对公司的了解和我的专业经验，我制订了以下初步工作计划。
>
> 1. 财务流程优化：简化和自动化当前的财务报告流程，减少手工输入，提高报告的准确性和速度。
>
> 2. 成本控制策略：通过深入分析供应链和生产流程，识别成本节约的机会，并制定相应的措施。
>
> 3. 预算管理改进：建立更为灵活的预算管理机制，以适应市场变化，并确保资源的有效分配。

4. 团队能力提升：通过定期培训和技能提升活动，增强财务团队的专业能力和适应性。

我认为这个计划是一个很好的起点，但我希望能够进一步细化，多用数据支持，有具体的实施步骤，以便更具体地展示我的能力和对公司目标的贡献，请输出优化后的工作计划，务必以演讲稿的形式，用流畅的段落文字输出。

AI 回答：

尊敬的领导和同事们：

今天，我有幸站在这里，向大家展示我作为财务经理候选人的工作计划。这份计划是基于我对公司的深刻理解而制订的，凝聚了我多年财务分析的专业经验。我的目标是将我们的财务管理提升到一个新的水平，支持公司的持续增长和市场竞争力提升。

一、财务流程优化

首先，让我们谈谈财务流程优化。在当前的数字化时代，自动化和智能化是提高效率的关键。我计划引入先进的财务软件，实现从数据录入到报告生成的全流程自动化。这不仅将减少人为错误，还将缩短报告周期，使我们能够更快地响应市场变化。通过这一措施，我预计可以将财务报告的准备时间缩短至少 20%，同时提高数据准确性。

二、成本控制策略

接下来是成本控制。成本是我们制造业的生命线，控制成本就是提高竞争力。我将带领团队深入分析供应链和生产流程，利用数据分析工具识别成本节约的潜在领域。例如，通过优化采

真正的幸福是内心的平静和满足。

购策略，我们可以减少 5% 的原材料成本；通过改进生产流程，我们可以降低 3% 的制造成本。这些措施将直接反映在我们的利润率上。

三、预算管理改进

预算管理是确保资源有效分配的关键。我建议建立一个更为灵活的预算管理体系，这将允许我们在面对市场波动时快速调整资源分配。通过实施滚动预算，我们可以更准确地预测和应对未来的需求变化。这一改进预计将使预算执行的精确度提高至少 15%，确保我们的投资更加精准和有效。

四、团队能力提升

最后，同样重要的是我们的团队。一个强大的团队是实现所有计划的基础。我计划实施定期的培训计划，培训内容包括最新的财务软件操作、数据分析技能及行业最佳实践。通过这些培训，我们的团队将能够更好地适应快速变化的财务环境，提高工作效率和决策质量。

总的来说，我的工作计划旨在通过流程优化、成本控制、预算管理和团队能力提升，为公司带来更高的效率和更强的竞争力。我相信，通过这些具体的实施计划，我能够为公司的目标做出实质性的贡献，并带领我们的财务团队迈向新的高峰。

谢谢大家！

[此演讲稿根据您的要求进行了优化，以流畅的段落文字呈现，同时包含了数据和具体的实施计划，以展示您的能力和对公司目标的贡献。]

　　我们可以基于 AI 给的建议进行进一步优化，或者给 AI 提供更多的信息，让它进一步完善。

伟大的行动和思想，都有微不足道的开始。

上面的案例是在有初步工作计划后让 AI 完善它，但你可能会说："啊，我连制订初步工作计划也觉得比较头疼！"没关系，你可以先和 AI 讨论一下。

提问：

我正在准备竞聘我们公司的财务经理岗位。我们公司是一家中型企业，主要从事制造业，目前正寻求扩大市场份额和提高运营效率。为了更好地细化和量化我的初步工作计划，我需要考虑以下方面。

1. 我们公司的长期愿景是成为行业领导者，短期目标是在未来两年内使市场份额增长 10%。

2. 我们所在的制造业正面临原材料成本上升和全球供应链波动的挑战。

3. 作为财务经理，我需要解决的主要痛点包括提高财务报告的透明度和准确性、优化成本结构，以及增强预算控制。

4. 目前，公司面临的具体财务挑战包括现金流不足和资本支出的优先级排序困难。

5. 我希望通过我的工作计划提高财务流程效率、降低运营成本，以及增强团队的专业能力。

6. 在实施计划时，我可以利用的资源包括现有的财务软件和团队成员，但同时存在预算限制。

7. 我计划使用关键绩效指标，如报告周期、成本节约百分比和团队成员的技能提升率，来衡量计划成功与否。

请根据这些信息，提供具体的建议和方法，帮助我进一步细化我的工作计划，并展示我如何有效地为公司的目标做贡献。

三样东西可以缓解生命中的辛劳：希望、睡眠和微笑。

AI 回答：

基于您提供的详细信息，以下是对您竞聘财务经理岗位的工作计划的具体细化建议。

一、财务流程优化

目标：提高财务报告的透明度和准确性，缩短报告周期。

具体方法如下。

1. 引入或升级企业资源计划系统：利用现有的财务软件和预算，评估并选择合适的企业资源计划系统模块，重点加强财务报告自动化功能；设定目标，将月度财务报告周期从目前的 X 天缩短至 Y 天（如从 10 天缩短至 5 天），并确保数据准确性提升至 99.9% 以上。

2. 建立标准化流程：制定详细的财务报告编制标准操作流程，明确各环节责任人、时间节点和质量控制点，减少人为错误。

3. 建立实时监控平台：建立财务数据实时监控平台，确保管理层能随时获取关键财务指标，提高决策效率。

二、成本结构优化

目标：优化成本结构，降低运营成本，有效应对原材料成本上升和供应链波动。

具体方法如下。

1. 供应链成本分析：组织跨部门团队，对供应链进行全面成本分析，识别成本节约机会；通过谈判、寻找替代供应商、优化库存管理等手段，预计在未来两年内实现原材料成本节约 X%（如 5%）。

2. 生产效率提升：与生产部门合作，实施精益生产，减少浪费，提高生产效率；设定目标，如生产效率年提升 Y%（如 3%），进而降低单位产品成本。

不经历一定程度的孤独，是不可能实现内心的平和的。

3. 预算控制：建立严格的预算审批流程和超支预警机制，确保所有支出符合预算规划；同时，定期回顾预算执行情况，及时调整预算分配，确保资源有效利用。

三、现金流管理与资本支出优化

目标：加强现金流管理，合理安排资本支出优先级。

具体方法如下。

1. 现金流预测模型：建立现金流预测模型，结合销售预测、应收账款回收周期、应付账款付款周期等因素，提前规划现金流。

2. 资本支出评估：对所有资本支出项目进行详细的成本效益分析，评估其对公司长期发展的贡献度；根据分析结果，合理安排资本支出优先级，确保关键项目得到优先支持。

四、团队能力提升与专业发展

目标：增强财务团队的专业能力和适应性，提升团队整体绩效。

具体方法如下。

1. 定期培训计划：制订年度财务培训计划，涵盖最新会计准则、财务管理工具、数据分析技能等内容，邀请外部专家或利用在线资源进行培训。

2. 绩效激励机制：建立基于关键绩效指标的绩效考核体系，如团队成员的技能提升率、成本节约贡献等；设立奖励机制，激励团队成员积极学习和工作。

3. 团队建设活动：组织团队建设活动，增强团队凝聚力，促进跨部门沟通与合作。

五、监控与评估

关键绩效指标如下。

- 报告周期：从 X 天缩短至 Y 天。
- 成本节约百分比：原材料成本节约 $X\%$，运营成本降低 $Z\%$。

向死而生，才能深切体会生的意义。

- **团队成员技能提升率**: 年度技能提升考核平均得分提升 A%。
- **现金流预测准确率**：提升至 B%（如 95%）。
- **预算执行偏差率**：控制在 C%（如 5%）以内。

通过上述工作计划，您能够清晰地展示自己如何有效地为公司的长期愿景和短期目标做贡献，同时解决当前的主要痛点。这不仅体现了您的专业能力和战略思维，也为您成功竞聘财务经理岗位奠定了坚实基础。

在 AI 的启发下，相信你很快就会有制订工作计划的全新思路。

这一节，我们讨论的是怎么做好一份工作计划。简而言之，就是要让你的计划既有远见，又可达成。你得先了解公司的需求，然后结合自己的能力和想法，制定出实际可行的目标，还得想想怎么应对可能遇到的困难。

我指导过很多学员成功竞聘心仪岗位，他们的工作计划都是精心准备的，让人一看就觉得这人靠谱、有真本事。所以，大家也要认真对待自己的工作计划，别马虎。同时，你还可以利用 AI 这样的好工具，让你的工作计划更加专业、有条理，让领导一眼就看出你的用心和实力。

总之，用心去做，用实际行动证明自己的能力和价值。相信你只要努力了，就一定会有回报的！加油！

人类最大的错误就是拿健康换取身外之物。

6.5 用 AI 润色，让竞聘资料秒变高分答卷

在竞争激烈的职场中，每个人想争取到一个好的工作机会。竞聘资料就是我们递给面试官的一张名片，可以告诉他们我们能做什么，以及我们未来的打算。这张名片做得好，不仅能让面试官一眼看到我们的优点，还能让面试官感受到我们的认真和热情。

然而，准备一份既标准又出彩的竞聘资料，对很多人来说还是挺有难度的。毕竟，要把自己的经历、能力和想法都写清楚，还要写得吸引人，不是那么容易的。

不过，好消息是 AI 能帮我们对竞聘资料进行润色。它能帮我们检查错别字、调整句子结构，甚至能让我们的表达更加生动。有了 AI 的帮忙，我们的竞聘资料就能更加完美，更容易打动面试官。

现在我们一起来看看 AI 可以在润色竞聘资料方面帮我们具体做些什么。

1. 提升语言精准度

在准备竞聘资料的时候，我们经常会担心有没有写错字、用错词，这些小错误可能让面试官一看就觉得我们不细心、不专业。不过，有了 AI 这个小帮手，我们就可以避免这样的情况发生。

提问：

> "尊敬的面试官们，
> 我叫李华，非常荣兴有机会参加贵公司的竞聘。我拥有 5 年的
> 项目管里经验，在过往的工作中，我成功领导了多个复杂项目，
> 确保了项目的按时交付和高质量完成。其中，我最为自豪的时
> 去年主导的'智能办公系统升级'项目。该项目成果明鲜，不
> 仅题升了公司的运作效率，还为员工们代来了大大的好处。我
> 相信，凭借我的经验和能力，能够为贵公司贡献更多的价值。"
> 请帮我检查上面这段文字中的错别字、错误的标点、错误的语
> 法，并输出修改后的内容。

AI 回答：

> 尊敬的面试官们：
> 我叫李华，非常荣幸有机会参加贵公司的竞聘。我拥有 5 年的
> 项目管理经验，在过往的工作中，我成功领导了多个复杂项目，
> 确保了项目的按时交付和高质量完成。其中，我最为自豪的是去
> 年主导的"智能办公系统升级"项目。该项目成果显著，不仅提
> 升了公司的运作效率，还为员工们带来了诸多好处。我相信，凭
> 借我的经验和能力，我能够为贵公司贡献更多的价值。

如果你想知道 AI 修改了哪些地方，可以直接问它。

有了 AI，就好比随身携带了一位专业的语文老师，它能随时
帮助你纠正错误。

唯一与我们灵魂契合的人只有我们自己。

2. 优化表达

除了纠正语言错误，AI 还能根据语境优化句子结构，使表达更加清晰、流畅。竞聘时，清晰、有力的表达是吸引面试官注意的关键。AI 通过算法分析，能够识别出冗余的词汇、不恰当的修辞及逻辑不连贯的句子，并给出改进建议。

提问：

> "我毕业于 XX 大学计算机科学与技术专业，拥有 5 年的 IT 项目管理经验。在过去的几年里，我参与并主导了多个大型项目的实施，积累了丰富的项目管理知识和实践经验。我擅长沟通协调，能够带领团队克服各种困难，确保项目按时按质完成。此外，我还具备较强的学习能力和创新能力，能够紧跟行业发展趋势，为公司带来新的增长点。"
>
> 我即将在自己公司竞聘项目经理，请帮我对上面的竞聘稿的表达进行润色。

AI 回答：

> 在即将展开的公司内部项目经理职位竞聘中，我满怀信心地提交我的申请，希望能够为公司的项目管理团队贡献我的力量。
>
> 我毕业于 XX 大学计算机科学与技术专业，这一学术背景不仅为我奠定了坚实的技术基础，更激发了我对项目管理的浓厚兴趣与不懈追求。
>
> 回顾过去 5 年，我在 IT 项目管理领域精耕细作，从项目参与者逐步成长为项目主导者。这段经历让我亲身体验了从项目策划、

我们看过的世界，都是生命的礼物。

执行到收尾的全过程，积累了丰富的项目管理实战经验。我深知，每一个成功项目的背后，都是对细节的极致把控、对团队的精心协调以及对挑战的无畏面对。因此，我致力于将我的知识与经验转化为实际成果，确保每一个项目都能高效、高质地达成既定目标。

在沟通协调方面，我具备出色的能力。我擅长倾听团队成员的意见与建议，建立信任与尊重的沟通氛围。面对项目中的种种困难与挑战，我能够迅速集结团队智慧，制定有效的应对策略，引领团队迎难而上，直至问题迎刃而解。我坚信，一个团结一致、相互支持的团队是项目成功的关键。

同时，我深知在快速发展的 IT 行业中保持学习与创新能力的重要性。我始终紧跟行业发展趋势，积极学习新技术、新方法，不断提升自己的专业素养。我勇于尝试新思路、新策略，为公司的发展注入新的活力。我相信，通过我的不懈努力与持续创新，我能够为公司的项目管理工作带来新的突破与提升。

在此，我诚挚地希望能够成功竞聘项目经理，将我的专业知识、实战经验以及创新能力带入新的工作岗位。我将以更加饱满的热情、更加严谨的态度、更加创新的思维，为公司的发展贡献自己的力量。期待在未来的工作中，与同事们携手共进，共创辉煌！

润色后的竞聘稿展现出了更为精练与优雅的语言风格，不仅详尽地阐述了候选人作为 IT 项目管理者的丰富经验，更突出了候选人在沟通协调、团队协作方面的卓越能力，以及紧跟行业趋势、勇于创新的前瞻性思维，能让候选人以诚恳而自信的态度回顾过去的成长历程，同时满怀激情地展望未来在项目经理这一岗位上的贡献与成就。

3. 调整风格

当我们准备竞聘资料时，得想想公司是什么样的风格，是喜欢创新、引领潮流，还是更注重做事稳当、按时完成任务。

AI 能根据公司和岗位，自动帮我们调整竞聘资料的风格。比如，如果我们是在一家特别爱创新的科技公司中参与竞聘，AI 就会提醒我们，在竞聘资料里要多说说我们对未来的看法，比如哪些新技术可能会成为热点，我们怎么利用这些新技术来解决问题。同时，AI 还会帮助我们强调我们的创新能力和解决问题的能力，让公司知道我们善于创新、解决难题。但是，如果我们是在一家传统行业的公司中参与竞聘，AI 可能会建议我们强调自己稳重、可靠，以及过去取得的成就。这样，公司就能看出我们是踏实工作、负责任的人。

总之，有了 AI 的帮助，我们就能更轻松地准备贴合目标公司喜好的竞聘资料，增加竞聘成功的机会。

提问：

> "尊敬的面试官：
> "您好！我是张伟，我想竞聘的是公司财务经理岗位。我拥有 8 年的财务管理经验，曾在 XX 集团担任财务主管，负责年度预算制定、成本控制及财务报表分析等工作。我擅长数据分析，能够准确识别成本节约的机会，并成功实施了多项成本控制措

每个人的生命都是一部历史。

施，为公司节省了大量开支。我相信，我的专业技能和丰富经验能够使我胜任财务经理岗位。"

我正在竞聘自己公司的财务经理岗位，我们公司是一家以创新科技为主导的初创企业，以快速迭代的产品和灵活的财务策略闻名，注重团队成员的创新思维、适应变化的能力以及对市场趋势的敏锐洞察。请帮我调整上面的竞聘稿的语言风格，以使其更好地适应我们公司的风格。

AI 回答：

尊敬的面试官：

您好！我是张伟，非常荣幸能竞聘财务经理这一关键岗位。在快速迭代的科技浪潮中，我坚信我的背景与我们公司以创新为魂、灵活应变的企业文化高度契合。

过去 8 年，我深耕财务管理领域，不仅在 XX 集团担任财务主管期间积累了丰富的实战经验，更在年度预算的精准编制、成本控制的精细实施以及财务报表的深度剖析中展现出卓越的能力。我擅长运用前沿的数据分析工具，从纷繁复杂的数据中抽丝剥茧，精准捕捉每一个节约成本的机会，并成功引领实施了一系列高效的成本控制措施，为公司筑起了坚实的财务防线，同时也为公司的长远发展铺设了更加稳健的财务基石。

更重要的是，我深知在创新科技公司中，财务不仅是数字的游戏，更是驱动战略决策、助力产品创新的重要力量。我热衷于拥抱变化，善于在不确定的市场环境中寻找机遇，凭借敏锐的市场洞察力和灵活的财务策略，为公司的每一个创新项目提供坚实的财务支持与战略指导。

我渴望将这份对财务的深刻理解、对创新的执着追求，以及我在复杂多变环境中展现出的适应能力和领导力，带入新的团队，与大家共同探索科技与财务的无限可能，推动公司在创新之路上加速前行。

因此，我满怀信心地提交这份竞聘申请，期待有机会与公司共同成长，共创辉煌。感谢您审阅我的申请，期待与您进一步交流，共绘公司发展的宏伟蓝图。

此致

敬礼！

张伟

怎么样？AI 调整后的内容是不是更贴合创新科技公司的风格了呢？

通过 AI 润色，原本普通的竞聘资料仿佛被施了魔法，瞬间变为高分答卷。它不再是单纯的文字堆砌，而是成了展现候选人个性、能力、与职位高度契合的生动画卷。在 AI 的帮助下，候选人能够更自信地展现自我，在每一次竞聘中都实现一次成长。

所以，下一次你需要竞聘时，就可以利用 AI 让你的竞聘资料更有竞争力。让 AI 成为我们职业道路上的好帮手，帮助我们创造属于我们的成功故事。

与其羡慕别人，不如珍惜自己拥有的。

6.6 用 AI 预测面试问题，竞聘准备更充分

在前面几节中，我们详细了解了如何准备一份完善的竞聘稿，但是很多岗位竞聘中，除了演讲环节，还有即兴问答环节。即兴问答环节是很多候选人最害怕的部分。它考验的是候选人的应变能力、思维敏捷度以及对专业知识的掌握程度。

想象一下，一位候选人在竞聘产品经理一职时，面试官突然问道："如果你的产品上线后用户反馈不佳，你会如何应对？"

候选人 A 显得有些慌乱，匆忙回答："嗯，我会……我会看看用户反馈，然后……然后改进产品。" 这种回答显得缺乏准备和深度，没有提供具体的行动计划，也没有展现出候选人对问题的深入思考，可能会让面试官对候选人的专业能力和问题解决能力产生怀疑。

而候选人 B 则沉着冷静，条理清晰地回答："面对用户反馈不佳的情况，我首先会进行详细的数据分析，确定问题的核心。如果是产品功能不符合用户需求，我会立即组织团队讨论，快速迭代产品功能。如果是市场推广策略不当，我会调整推广策略，更精准地触达目标用户群体。同时，我会加强与用户的沟通，收集更多反馈，确保我们的产品能够不断优化，满足用户的实际需求。" 这样的回答不仅展示了候选人的问题分析能力，还体现了其解决问题的系统思维和执行力。

你若足够热爱生活，生活哪里都可爱。

在即兴问答环节，好的回答能够很好地展示候选人的专业能力、思维深度和问题解决能力，从而让候选人在面试官心中留下深刻的印象。不好的回答则可能让候选人失去展示自己的机会，影响竞聘结果。

要是能提前知道面试中可能会被问到的问题该多好！这还真有可能，你可以用 AI 预测竞聘中面试官可能会问的问题，并和 AI 讨论好的回答方式。

你可以给 AI 提供一些关键信息让它来帮你预测面试官可能会问的问题。这些信息包括岗位描述，如岗位的职责、期望成果和任职资格，这为 AI 提供了理解岗位需求的坚实基础；候选人的背景，如教育背景、工作经验、专业技能和过往成就，这些资料会进一步丰富 AI 的视角；竞聘稿，这是候选人对岗位理解及个人优势的集中展现，为 AI 预测面试问题提供了直接的参考。

你给 AI 提供的信息越多，它就能预测出越多跟你相关的问题。不过，即使你只给 AI 提供岗位描述，它也能预测出一些面试官可能会问的问题。

现在，让我们通过一个案例来具体展示 AI 如何仅利用岗位描述来预测面试问题。

提问：

> 我现在要在本公司竞聘市场经理岗位，请根据下面的岗位信息帮我预测面试官可能在现场会提出的问题。
> - 岗位名称：市场经理。

- 主要职责：负责制定和执行市场策略，管理市场活动，分析市场趋势，领导市场团队。
- 期望成果：致力于提升品牌知名度，增加市场份额，达成销售目标。
- 任职资格：要求市场营销或相关专业学位，至少有 5 年相关工作经验，具备出色的领导能力和数据分析能力。

AI 回答：

针对您竞聘的市场经理岗位，面试官在现场可能会提出一系列问题来评估您的专业能力、经验、领导风格以及对市场趋势的理解。以下是一些可能的面试问题。

1. 市场策略与规划

- 请描述一次您成功制定并执行市场策略的经历，包括策略的核心内容、执行过程及最终成果。
- 面对一个全新的市场或产品，您会如何开始制定市场进入策略？
- 在当前的市场环境下，您认为我们公司最需要优先关注的市场趋势是什么？为什么？

2. 团队管理与领导能力

- 请分享一次您领导市场团队应对重大挑战或实现重要目标的经验。
- 在团队管理中，您如何确保团队成员之间的有效沟通与协作？
- 当团队内部出现意见不合时，您通常如何处理？

3. 数据分析能力

- 请举例说明您如何利用数据分析来指导市场策略的调整或

把每一天都当成生命里的最后一天。

优化。

- 在评估市场活动效果时，您会关注哪些关键指标？为什么这些指标对您来说很重要？
- 如果数据显示某项市场活动效果不佳，您会采取哪些措施来改进？

4. 品牌建设与市场份额

- 您认为提升品牌知名度的关键因素有哪些？请结合您的经验谈谈。
- 在增加市场份额方面，您有哪些具体的策略或想法？
- 请谈谈您如何平衡短期销售目标与长期品牌建设目标之间的关系。

5. 任职资格与自我认知

- 您的市场营销专业背景或相关工作经验是如何帮助您更好地胜任市场经理这一岗位的？
- 在您的职业生涯中，哪些经历或技能使您认为自己特别适合担任市场经理？
- 面对不断变化的市场环境，您如何保持自己的专业知识和技能与时俱进？

准备这些问题时，尽量结合您过去的实际经验和成功案例来回答，这样能够更好地展示您的能力和潜力。同时，您也要对市场和行业有一定的了解，以便在面试中展现出您对市场的敏锐洞察力和前瞻性思考。

根据 AI 预测的问题，我们可以看看自己都能不能回答得出，如果不能，我们还可以向 AI 寻求回答思路。

人最重要的事情就是找到自己热爱的事情。

提问：

"您认为提升品牌知名度的关键因素有哪些？请结合您的经验谈谈。"如果你在竞聘中被问到这个问题，你会如何回答？请用 3 点进行阐述，直接输出答案。

AI 回答：

在竞聘中被问及提升品牌知名度有哪些关键因素时，我会从以下 3 点进行阐述。

1. 精准的品牌定位与传播。首先，一个清晰、独特且与目标市场高度契合的品牌定位是提升品牌知名度的基石。这要求我们对目标消费者有深入的理解，明确品牌的差异化优势，并通过多种渠道和创意方式精准传播这一定位。有效的传播策略能够确保品牌信息触及并吸引目标消费者，从而在他们心中树立起独特的品牌形象。

2. 卓越的产品与服务体验。品牌知名度的提升离不开高品质的产品和服务作为支撑。优质的产品能够满足消费者的实际需求，而卓越的服务则能超越他们的期望，进而形成口碑传播。通过不断优化产品设计和提升服务质量，我们能够赢得消费者的信任和忠诚，进而促进品牌知名度提升。

3. 创新的营销策略与多样化的渠道利用。在快速变化的市场环境中，创新的营销策略和多样化的渠道利用是提升品牌知名度的关键。我们需要紧跟时代潮流，运用最新的营销工具和技术，如社交媒体营销、内容营销等，以吸引更多潜在消费者的关注。同时，通过跨界合作、事件营销等创新方式，我们能够制造话

能从"浪费时间"中获得乐趣，就不是在浪费时间。

题，提高品牌曝光度，从而快速提升品牌知名度。

结合我的经验，我深知这些关键因素在品牌建设中的重要性。在过去的工作中，我通过精准定位、提升产品和服务质量以及创新营销策略，成功帮助多个品牌实现了知名度的显著提升。我相信，在未来的工作中，我将继续运用这些策略，为品牌的发展贡献自己的力量。

当然，除了让 AI 预测一些竞聘中面试官可能会问的问题，我们也要掌握一些即兴回答的技巧，这些技巧可以让我们在感到压力时依然能够展现自己的最佳状态。

1. 深呼吸，慢慢来

当面试官提出一个让你心跳加速的问题时，不要急于回答。首先，深呼吸，让自己冷静下来。这个简单的动作不仅能帮助我们放松，还能让我们思绪清晰，为接下来的回答做好准备。

2. 抓住问题的核心

在回答之前，确保完全理解了问题的核心。如果没听清问题，可以向面试官确认。这样做不仅能展示我们的专注，还能确保我们的回答紧扣主题，不偏离问题的核心。

3. 采用"三点论"的策略

在组织回答时，试试采用"三点论"的策略，即将回答分为3 个部分：第一点、第二点、第三点。"三点论"因简洁、清晰、易于记忆的特点，成了面试中应对各种问题的强大工具，是一种经典的回答结构。

为什么"三点论"是经典的回答结构？首先，"三点论"符合人类的认知习惯。研究表明，人们往往更容易记住 3 个信息点。其次，"三点论"是一个平衡的结构，既不会让回答显得单薄，也不会让回答显得过于冗长，使听众难以消化。再次，3 个要点可以自然地形成一个逻辑上的起承转合，使得整个回答既有条理又完整。最后，"三点论"的灵活性让它几乎适用于回答任何类型的问题。

让我们通过一个实际的例子来展示"三点论"的应用。假设面试官问道："你如何看待团队合作的重要性？"一个使用"三点论"的回答可能如下。

（1）多样性的汇聚：首先，团队合作能够汇聚不同的观点和技能，这种多样性是创新和解决问题的关键。

（2）效率的提升：其次，通过团队合作，团队成员可以更高效地分配任务，每个人可以专注于自己的强项，从而提高整体工作效率。

（3）沟通能力的提升：最后，团队合作的过程也是沟通能力提升的过程，这对于个人和团队的长远发展都是至关重要的。

这个回答不仅清晰地传达了团队合作的 3 个主要好处，而且每个要点都是独立而有力的论据，共同支撑起了一个完整的观点。掌握并运用好"三点论"，无疑会增加我们竞聘成功的机会。

卓越不是一种行为，而是一种习惯的体现。

4. 讲自己的故事

在回答问题时，不要忘了结合自己的经历。无论是工作中的成功案例，还是之前学到的有用技能，都可以作为回答的有力支撑。通过分享这些内容，我们不仅能够展示自己的能力和经验，还能让面试官感受到我们对岗位的热情和匹配。

在这一节里，我们一起探索了如何使用 AI 来预测面试中可能遇到的问题，并学习了一些简单实用的回答技巧。这些技巧能让我们在面试时保持头脑清醒，回答问题时更有条理，还能帮我们用自己真实的经历来展示我们的能力和对工作的热情。

我希望，通过对这些内容的学习，你能够更有信心地走进面试室，不管面试官问什么，你都能应对自如。每次面试都是一次你展示自己的好机会，你要用好这些技巧来抓住它。

现在，这一章就要结束了，但你的竞聘之路才刚刚开始。把这些技巧记在心里，用在实际的面试中，不断练习，不断进步。相信在不久的将来，你就能用自己的实力获得一份心仪的工作。

你必须非常努力，才能看起来毫不费力。